for professional chefs ①

Appetiger & Salad

지구문화사
JIGU PUBLISHING Co.

머리말

우리나라에서 서양요리를 전문분야별로 구분할 때 일반적으로 코스(coures)로 구분하는데, 이 책에서는 그 중 주로 에피타이저(appetizer)와 샐러드(salad)를 중점적으로 다루었습니다. 그 까닭은 서양요리가 워낙 광범위하고 전체적인 내용을 다루다 보면 전문성이 결여되어 일반적인 개론에 치우치기 때문입니다.

따라서 본서에서는 전시적인 효과보다는 각 업장에서 고객에게 제공될 수 있는 조리방법과 우리나라 현실에 맞는 재료의 선택으로 현장 근무자들이라면 누구나 이해될 수 있도록 엮었습니다. 거기에 덧붙여서 지금까지 서양요리 본래의 맛을 추구하면서도 동서양의 맛을 접목시키는데 주력하였으며, 한국인의 입맛을 고려하여 간장, 참기름 등의 재료를 선택하기도 하였습니다. 즉 현대 서양요리의 흐름이 동양요리의 담백함을 접목시키는 경향을 보이고 있으므로 미래의 요리방향을 조심스럽게 제시하려는 의도에서 시도하였습니다.

이 책은 세 개의 부로 나누어서 제 1 부 야채요리방법, 제 2 부 에피타이저, 제 3 부에서는 샐러드를 다루었습니다. 또 작품 중간중간에 요리와 관련된 이야기와 그림들을 삽입시킴으로써 획일성의 부담을 줄이고 자연스럽게 읽고 넘어갈 수 있도록 하였습니다.

앞에서 언급한 바와같이 지금까지 우리나라의 조리서적이 기초와 전반적인 조리의 기술을 다루었는데 반하여 조금이라도 전문성을 기하고 독자의 이해를 돕기위하여 작품사진의 크기를 가능한 확대시켜 요리의 특성과 내용물을 식별할 수 있도록 하였습니다.

또한 요리마다에 자주 사용되는 향신료와 허브를 동시에 볼 수 있도록 지면의 앞부분을 할애하여 원산지와 사용처를 설명하였습니다. 뿐만아니라 지금까지 조리를 하는 사람들이 궁금해 하던 요리의 재료들을 상세하게 설명하였습니다.

최근에 다양하게 공급되는 재료들을 보면서 훌륭한 요리가 만들어지기 위해서는 요리와 관련된 재료의 공급이 원활히 이루어져야 한다는 것도 새삼 느끼게 되었습니다.

모쪼록 이 책을 발간함으로써 발전해 나아가고 있는 우리나라의 서양조리분야에 조금이라도 도움이 되었으면 하는 바램입니다.

을미년 가을에

필자 대표

차 례

contents

차 례

제 3 부 샐러드(Salad)

제 1 부

야채조리방법

맛있는 샐러드를 만든다는 것은 그리 어려운 것만은 아니다. 특히 신선한 야채는 그 자체만으로도 훌륭한 요리가 될 수 있다. 우리가 주위에서 흔히 접할 수 있는 붉은 피망과 노란 피망은 로스트할 때 생성된 주스와 올리브 오일, 발사믹 비네가, 바질과 같은 허브의 향을 조금만 곁들여도 매우 맛있는 샐러드가 될 수 있고, 제스트와 식초, 소금과 후추를 뿌리면 완벽한 샐러드가 된다.

야채를 씻을 때는 잎사이에 있는 작은 벌레나 곤충, 먼지 등이 완전히 떨어져 나갈 수 있도록 흐르는 물에 조심스럽게 씻어야 한다. 또한 잎야채는 조직이 부드럽기 때문에 자주 만지는 것은 조기에 부패하는 원인이 되므로 필요 이상으로 손을 대는 것을 가능한 피한다.

야채의 종류를 불문하고 요리를 할 때에는 필요 이상으로 익히는 것은 맛, 영양, 색, 형태의 손실을 가져오므로 꼭 필요한 만큼만 익히는 것이 중요하다.

야채를 조리할 때는 매우 조심스럽고 정성스럽게 해야 한다. 칼은 본인이 요구하는 대로 자를 수 있도록 충분히 날카로워야 하고 크기, 모양 하나하나에 신경을 써야 한다.

PART 1

Vegetable Marinade

그리고 가능하다면 야채의 줄기부분을 합리적으로 사용해야 한다. 예를들어 브로커리를 사용하는데 있어 적당한 정도의 줄기는 보기도 좋고 먹기에도 좋다.

신선한 야채를 조리할 경우 맛, 색상, 결합조직 등을 고려해야 하는데 아스파라거스나 빈스, 시금치 등을 블란치하여 얼음물에 즉시 넣는 것이 좋은 예라 할 수 있다. 또한 식초나 레몬주스는 야채의 색깔을 변화시키는 작용을 하기 때문에 가능한한 고객에게 제공되기 바로 전에 첨가하는 것이 좋고 불가피한 경우 식초와 레몬주스는 조리순서에서 마지막으로 첨가하는 것이 좋다. 오일이 야채를 감싼 다음 식초를 첨가함으로써 야채의 색깔이 변하는 시간을 연장시키는 것도 하나의 방법이다.

야채를 부드럽게 하기 위하여 가지나 마늘, 비트, 피망, 감자 등을 오븐에 굽게 되는데 고온에서 단시간 내에 조리하는 만큼 조리시 조금이라도 주의를 게을리 하면 원하는 만큼의 조리순간을 놓치게 된다.

따라서 야채를 조리할 때는 조리를 시작하여 고객에게 제공이 끝나는 시점까지 긴장을 풀어서는 안된다.

토마토 (Tomato)

칵테일파티나 샐러드 바에서 흔히 접할 수 있는 것이 체리토마토이다. 그것은 체리 토마토가 씨를 제거하거나 껍질을 벗길 필요없이 쉽게 먹을 수 있다는 장점 때문일 것이다. 토마토는 라틴어로 "늑대복숭아(Edible wolf's peach)"의 뜻을 지니고 있다. 이것은 아마도 신대륙에서 유럽으로 처음 전해지면서 새롭고 아름다운 토마토에 대한 두려움과 신비로움의 표현일 것이다.

이때에 벌써 아메리카 원주민들은 비스듬한 널빤지에 토마토를 깔아서 말리는 (Sun dry tomato) 방법을 사용하고 있었다. 이것은 그들 말로는 "코테즈(Cortez)"라 불리며 비교적 수준 높은 기술을 이용하고 있었다. 하지만 우스꽝스럽게도 토마토의 원산지인 아메리카로 유럽에 의해서 변화된 토마토가 다시 넘어가 발전하게 되었다.

또 한가지 재미있는 것은 토마토의 계통에 대하여 과일인가 아니면 야채인가를 놓고 오랜 시간동안 논쟁을 벌여왔다. 오늘날에도 논쟁의 소지가 남아있는데 그것은 토마토가 요리에 사용되고 있는 종류만큼이나 복잡하고 다양하다.

현대에 와서는 영농과학의 발달로 토마토가 계절에 관계없이 생산되고 있지만 토마토의 제철은 늦여름과 이른 가을에 생산되는 것이 태양 빛을 충분히 받고, 영양도 풍부하다. 토마토는 색상과 맛이 다양하여 요리에 사용하는데 천의 얼굴을 가졌다 하여도 과언이 아닐 것이다. 그 종류도 다양하여 골든 쥬빌레(Golden Jubilee), 마르벨 스트라이프(Marvel Stripe), 골든 보이(Golden Boy), 체리토마토(Cherry tomato) 등이 있다.

흔히 안티파스토나, 샐러드, 소스, 파스타, 샌드위치 등 많은 요리에 다양하게 사용되고, 저장을 위해서 햇빛에 말린 선드라이 토마토(Sun dry tomato), 퓨레(Furee), 마리네이드(Marrinaied) 등의 방법을 사용한다.

토마토는 그 생명력이 강하여 가정의 뜰이나 박스에 심어도 수확이 가능하다. 토마토를 수확하기 위하여는 온도와 햇빛, 습도가 적당하게 조화되어야 한다. 대개는 모종을 사용하여 여름이 시작되기 달포정도 전에 심어 늦여름이나 가을에 수확하는데 비록 푸른 것을 수확한다 할 지라도 상온에서 햇빛을 적당히 제공하면 숙성된다.

민트향을 곁들인 토마토 샐러드와 큐민드레싱

(Minted Tomato Salad with Cumin Vinaigrette)

준비재료 (3 인분)

토마토(Tomato)/2 개
어린 호박 작은 것(Squash)/1 개
네모썰기한 노란 피망(Yellow bell pepper)/1 개
대파 얇게 썬 것(Leek)/1 줄기
씨를 제거한 검은 올리브(Pitted black olive)/200 g
다진 파슬리(Chopped parsley)/1 테이블스푼
다진 후레쉬 민트(Fresh mint)/1 테이블스푼
큐민 드레싱(Cumin vinaigrette)/6 테이블스푼 (만드는 방법 참조)

만드는 방법

토마토는 웨지(Wedges) 형식으로 썰어서 다시 절반으로 자른다. 어린 호박은 슬라이스기계에 얇게 썰어둔다. 올리브 역시 절반으로 잘라둔다.

적당한 볼에 준비된 야채를 모두 담고 드레싱을 뿌린 다음 야채와 드레싱이 완전히 섞일 때까지 골고루 버무려준다. 쿠킹호일로 커버를 씌우고 약 2 시간 정도 맛이 들도록 냉장고에 보관한 후 고객에게 제공한다.

드레싱 만드는 방법(Cumin Vinaigrette)

볶아서 갈은 큐민씨드(Toaste and crushed cumin seed)/1 티스푼
다진 마늘(Minced clove garlic)/1 쪽
후레쉬 레몬주스(Fresh lemon juice)/100 ml
엑스트라 버진 올리브 오일(Extra virgin olive oil)/6 테이블스푼
설탕(Sugar)/1 티스푼
⇨ 모든 재료를 볼에 담고 완전히 섞일 때까지 휘퍼로 잘 젓어준다.

아스파라거스(Asparagus)

아스파라거스는 세계적으로 약 20가지 종류가 있지만 일반적으로 크게 2가지 즉, 연한녹색을 가진 그린 아스파라거스(Green Asparagus)와 흰색 아스파라거스(White Asparagus)로 구분한다. 흰색 아스파라거스는 유럽지역에서 많이 생산되는데, 싹이 나기 전에 굵은 것을 채취하여 요리에 사용한다.

아스파라거스가 흰색을 띠는 것은 싹이 비옥한 모래땅 속에 파묻혀 올라오는 것을, 햇볕을 보기 전에 작업하기 때문이다. 그러므로 잘려진 줄기의 일부분은 땅 속에 그대로 남아 있게 된다. 그린 아스파라거스는 줄기가 올라와 연한 순을 잘라 사용한다. 따라서 그린색을 나타내는 것은 어느 정도의 빛을 받아 성장하여 3월에서 6월 사이에 최적기로 채취할 수 있다.

아스파라거스가 정력에 좋은 영약이라고 믿지 않는 미식가라 할지라도 아스파라거스의 맛에 대하여는 논란의 여지가 없다. 백합과에 속하는 이 식물은 끝이 창같이 날카롭게 생겼고, 남근(男根)같은 매력을 지니고 있는 것처럼 보인다.

영국의 모험가인 리차드 버튼 경(Sir Richard Burton)은 그의 저서 "Shaykh Nafzawi"에서 아스파라거스는 "영혼의 쾌락을 위한 풀잎향"이라고 할 정도로 격찬을 아끼지 않았다. 그는 또한 아스파라거스를 먹으면 왕성한 열정에 자극을 받는다고도 했다.

그는 아스파라거스를 삶고, 튀기고, 계란으로 만든 양념을 사용하는 등 매우 다양한 요리법으로 거의 매일 그의 식탁에 올렸다.

그렇지만 일부 사람들은 아스파라거스가 아무런 효과가 없다고 평가하기도 했다. 18세기 지식인 베오나데 폰텔레(Bernard de Fontenlle)는 초대받은 손님들이 아스파라거스를 먹지 않는 것을 보고 매우 놀랐다는 말을 짐작해보면 모든 사람들이 아스파라거스를 좋아한 것은 아닌 것으로 본다.

아스파라거스의 어원은 고대 페르시아어로 경작한다는 의미의 "싹(Sprout)"에서 유래된 것으로 본다. 구전에 의하면 아우구스트제왕(Emperor Augustus)이 좋아하는 음식 중의 하나가 바로 아스파라거스였는데, 요리를 할 때는 무엇보다도 빠른 시간 내에 해야 한다고 전해지고 있다.

아스파라거스는 봄에 많이 생산되는데, 벨기에와 스위스, 독일 등에서는 흰 아스파라거스(White Asparagus)가 식탁에서 사랑을 받고, 미국이나 이탈리아, 프랑스 등에서는 녹색의 아스파라거스(Green Asparagus)가 미식가들을 유혹하고 있다.

아스파라거스에 대한 행사로는 미국의 캘리포니아와 유럽 등지에서 판매촉진의 목적으로 많이 개최되는데, 4월의 마지막 주간의 이틀에 걸쳐 성대하게 연례행사로 치뤄진다.

아스파라거스를 선택하고 요리하는 데는 여러 사항을 고려하는데 일반적으로 굵기, 색(백색, 그린색, 라벤더색 등)에 따라, 또 온요리, 냉요리 등의 목적에 따라 기준을 둔다. 또한 요리방법에 있어서도 시간, 온도, 기름, 물 등을 고려한다.

아스파라거스와 파마산치즈 샐러드
(Asparagus and Parmesan Cheese Salad)

준비재료 (3인분)

아스파라거스(Asparagus)/500 g
후레쉬 레몬주스(Fresh lemon juice)/2 티스푼
엑스트라 버진 올리브 오일(Extra virgin olive oil)/3 테이블스푼
검은 통후추 갈은 것(Ground fresh black pepper)/1/3 티스푼
이탈리안 파마산치즈(Italian parmesan cheese)/300 g
버터헤드 레터스(Butter head lettuce)/1 포기

만드는 방법

아스파라거스는 껍질을 까서 3 cm 정도의 길이로 썰어 둔다.

버터헤드 레터스는 잎을 떼어내어 깨끗이 씻은 다음 물기를 제거하고 냉장고에 보관한다.

커다란 팬에 소금을 넣은 물이 끓을 때 아스파라거스를 넣고 1분 정도(물이 다시 끓어 오를 때) 얼음물에 넣어 식힌다. 아스파라거스의 물기를 제거한다. 적당한 볼에 올리브 오일과 소금, 후추, 레몬주스를 넣고 휘퍼로 잘 저은 다음 아스파라거스를 넣고 살짝 버무려 준다.

접시에 레터스를 깔고 아스파라거스를 올린다.

파마산치즈 덩어리를 껍질제거칼(peel knife)로 얇게 긋듯이 밀어 샐러드 위에 얹어 바로 고객에게 서브한다.

Oven Dried Tomato

오븐드라이 토마토(Oven Dry Tomato)

제철에 싱싱한 토마토를 먹는 것이 가장 좋겠지만 때로는 그렇지 못할 때가 종종 있다. 이러한 문제점을 해결하기 위하여 요리를 하는 사람들은 토마토 퓨레로 통조림을 만들기도 하고 다른 양념을 섞어서 케첩을 만들기도 하며, 냉동, 햇빛에 말려 기름에 절이기도 한다. 하지만 어느 것 하나 신선한 토마토를 직접 먹는 것보다 훌륭한 가치를 지니고 있지는 못할 것이다.

다만 이렇게 노력하는 과정에서 토마토에 대한 다양한 맛을 찾아내는 성과를 올리게 된다. 말리거나 케첩, 퓨레 등의 가공품은 같은 토마토를 원료로 하였다 할지라도 그 맛에 있어서는 대단히 다른 면을 지니고 있다. 세월이 흐르면서 사람들은 그 맛에 익숙해져 갔고 이제는 토마토의 구분된 맛을 요구하고 있다. 따라서 요리를 하는 사람들은 새로운 욕구에 부응하는 새로운 맛을 계속해서 찾아내는 문제에 직면하게 되었다.

오븐드라이 토마토 역시 요리를 하는 사람들의 노력의 결과라 할 수 있다. 오븐드라이 토마토는 선드라이 토마토와 비교하여 저장기간은 짧지만 조리시간이 절약되고 맛에 있어서는 비교될 수 없을 만큼 월등하다.

또한 만들고자 하는 요리사의 개성에 따라서 양념을 첨가할 수도 있고 그 반대일 수도 있으며 온도, 시간 등을 조절하여 약간씩 다른 맛을 낼 수 있으므로 자신만이 가질 수 있는 독특한 요리법을 개발할 수도 있다.

어쨌든 오븐드라이 토마토의 맛은 신선한 토마토의 엑기스를 농축하여 부드럽고 맛있는 새로운 토마토를 요리하는데 사용한다는 데는 두말할 필요가 없다.

준비재료

이탈리안 토마토(Italian tomato) ／ 5 kg
올리브 오일(Olive oil) ／ 100 m*l*
깐 마늘 얇게 썬 것(Thin sliced garlic) ／ 200 g
소금과 후추(Salt and pepper)

만드는 방법

이탈리안 토마토는 끓는물에 블랜치하여 껍질을 벗겨낸다. 사각 팬에 철망을 깔고 그 위에 토마토를 절반으로 잘라 질서 있게 놓는다. 얇게 썬 마늘을 골고루 뿌려주고, 소금과 후추, 올리브 오일을 발라준다. 90℃ 오븐에서 약 3 시간 정도 말려준다.

오븐의 성격에 따라서 시간은 길어질 수도 있고, 그 반대일 수도 있다.

브레이징 엔다이브(Braising Endives)

마치 뿔같은가 하면 꽃봉오리같이 아름다운 엔다이브는 형태도 여러가지이고, 부르는 이름도 매우 다양하다. 그러나 이 책에서는 미국에서 일반적으로 벨기안 엔다이브로 불리우므로 '엔다이브'라 통칭하겠다.

엔다이브는 날것으로 샐러드에 사용하거나 조리하여 야채요리에도 다양하게 사용되는 식물의 일종으로 '치커리'라고 불리기도 한다. 엔다이브는 다양한 종류가 있지만 대부분이 쓴맛을 지닌 꼬불꼬불한 잎부분을 요리에 사용한다. 그러나 뿌리부분도 식용가능한데, 특히 엔다이브의 뿌리는 말린다음 커피대용으로 사용하는 경우가 많다. 우리나라의 치커리차가 그 대표적인 예이다.

엔다이브와 치커리 두 가지 이름 중에서 어떤 이름이 정확한 것인지 혼동될 때가 많은데, 영국에서 엔다이브라 함은 주름진 잎을 가진 상추류를 통칭하고, 미국에서는 이것을 치커리라 부른다. 그러나 영국에서 치커리라 함은 프랑스와 미국에서 엔다이브라고 부르고 있는 벨기안 엔다이브를 의미하는 말로 굳어져 있다. 명확하게 말한다면 엔다이브와 치커리는 영어의 관습적인 표현으로 말할 수 있다.

엔다이브는 크게 두가지 즉, 야생엔다이브와 컬리엔다이브로 구분된다. 야생엔다이브는 주로 봄철에 길가에 즐비하게 피어나는 일년생풀과 같이 파릇파릇 싹이 돋아나는데, 이 부드러운 어린잎을 따서 샐러드에 사용하게 된다. 이 어린잎들은 매우 쓴맛을 지니고 있으며, 이것은 무슬린 샐러드와 니코이스샐러드의 재료로 최적이다.

겨울날씨가 비교적 온화한 지중해지방에서는 겨울에도 야생엔다이브를 손쉽게 구할 수 있는데, 그늘진 곳에서 성장하는 겨울엔다이브는 봄철에 비하여 쓴맛이 덜하여 오히려 겨울철에 야생엔다이브를 좋아하는 사람들이 많다. 겨울철에 생산되는 엔다이브의 끝부분을 다듬어 깨끗하게 씻은 다음 비네그렛 드레싱을 곁들이면 최상의 샐러드를 만들어 낼 수 있다.

컬리엔다이브는 겨울, 여름할 것 없이 다양한 종류가 생산되고 있다. 프랑스 파리 서부근교에서 재배되고 있는 컬리엔다이브는 프랑스 샐러드요리에 중심재료로 사용된다. 그 색상도 다양해서 봉오리엔다이브, 흰색, 노란색 등 각각의 엔다이브가 기호에 맞게 생산된다. 컬리 엔다이브의 전형적인 모양으로 주위가 그린색을 띠고 안쪽으로 들어갈수록 연한노란색을 나타낸다.

이 엔다이브의 잎은 물결을 치는 듯이 조밀하게 모여 있고, 멀리서 보면 마치 커다란 꽃봉오리같은 착각을 일으킨다. 컬리엔다이브 역시 비네그렛 드레싱을 곁들이는 것이 전통적이며, 샬롯이나 머스타드, 마늘과 같은 기초양념을 곁들이면 더욱 좋고 경우에 따라서는 기름을 빼서 바삭바삭하게 만든 베이컨을 첨가해서 먹으면 새로운 맛을 느낄 수 있다. 프랑스 서쪽지방에서는 덜익은 꼬투리완두를 버터에 볶은 다음 호두와 올리브오일을 섞은 드레싱과 함께 컬리엔다이브를 곁들여 먹는 것이 특징으로 전해지고 있다.

준비재료

엔다이브(Endive) ⁄ 5 kg
후레쉬 다임(Fresh thyme) ⁄ 50 g
후레쉬 오레가노(Fresh oregano) ⁄ 50 g
후레쉬 세이지(Fresh sage) ⁄ 50 g
버터(Butter) ⁄ 200 g
치킨스톡(Chicken stock) ⁄ 4 *l*

만드는 방법

엔다이브를 절반씩 잘라 사각 팬에 질서있게 깔아둔다.

후레쉬 허브는 굵게 다져서 엔다이브 위에 골고루 뿌려주고, 소금, 후추 역시 골고루 뿌려준다.

바닥이 평평한 프라이팬에 버터를 두르고 엔다이브의 잘린 면과 뒷면을 색이 날 정도로 구워낸다.

브레이징팬에 구운 엔다이브를 다시 질서있게 정렬한다.

치킨스톡을 엔다이브가 잠길 정도로 붓고 쿠킹호일로 커버를 씌운다.

섭씨 165도 오븐에서 15분 정도 브레이징한 다음 식혀 냉장고에 보관한다.

비 트
(Beet)

요리를 하는 사람들에게 비트라 하면 우선적으로 붉고 선명한 색상을 먼저 떠올릴 것이다.

그런 까닭에서인지 우리나라에서는 비트 그 자체를 요리로 사용하기보다는 다른 요리의 가니쉬로 사용하는 것을 많이 보아왔다. 그 이유는 아직까지 우리나라의 서양요리가 대중화되지 못한 까닭일 것이다.

비트는 무 모양에 알과 같이 둥근 형태를 지니고 있으며, 붉은색, 진노란색, 흰색 등이 있다. 비트의 색은 조금씩 다르다 할지라도 맛에 있어서는 대동소이하다.

현재 많은 사람들이 즐겨 먹는 비트는 영국에서 인디아로 전해진 붉은 색을 지닌 것이 주종을 이루고 있다. 그 이유는 아마도 붉은 비트가 색상이 선명할 뿐만아니라 뿌리로부터 올라오는 잎이 아름답고, 야생에서도 넓게 분포하기 때문으로 분석된다. 또한 이러한 이유들이 사람의 본능을 자극하여 더욱 가깝게 만들었을 것이다.

1597년 요리저술가인 John Gerard는 그의 저서에서 비트는 삶아야만 먹을 수 있다고 했고, 비트와 관련지어 만들 수 있는 많은 요리를 소개하고 있는데 그 내용 중에서 비트의 크기나 모양과는 관계없이 어떤 것이든 사용할 수 있다고 전한다. 참으로 비트는 요리를 하는데 있어 다양성에 한계가 없는 것 같다.

James Trager는 그의 저서 "In terms of botany"에서 사람들의 창조적인 요리로 다른 어떤 것보다 비트에 있어서 월등하다고 말했다.

비트의 색은 아름답기 때문에 요리에 사용하면 맛을 보기도 전에 이미 요리에 대한 평가를 내리기도 한다. 비트는 육류요리, 생선요리, 샐러드, 소스 등 매우 다양하게 이용되고 있지만 본서에서는 주로 샐러드에 많이 이용하였다.

비트를 샐러드에 이용하기 위해서는 물론 날 것으로 사용하는 것도 좋지만, 삶거나 오븐에 굽는 방법을 권해보고 싶다. 그 이유는 삶을 때는 요리하는 사람의 개성에 따라서 식초, 레몬주스, 향료 등을 사용하면 그 맛이 월등히 달라지고, 오븐에 굽는 경우 비트의 맛이 농축되어 한층 더 깊은 맛을 내기 때문이다.

그밖에도 양파, 육류, 생선 등에 광범위하게 쓸 수 있다.

마늘과 딜소스를 곁들인 비트샐러드

(Beet and Bean Salad with Garlic-Dill Vinaigrette)

준비재료 (3 인분)

비트(Beet)／3 뿌리
그린빈스(Green beans)／500 g
흰콩(Dried white beans)／300 g
중간 크기의 붉은 양파(Red onion)／1 개
케이퍼(caper)／2 테이블스푼
마늘과 후레쉬 딜 소스(Garlic-dillvinaigvette) (만드는 방법 참조)

만드는 방법

비트는 소금을 넣은 물에 이쑤시개가 쉽게 들어갈 수 있을 정도가 될 때까지 삶은 다음 껍질을 벗기고 1/2 인치 두께의 네모로 썰어둔다.

그린빈스 역시 소금을 넣은 물에 푸른색이 유지되도록 삶아 1 인치 길이로 잘라둔다.

흰콩은 쓰다 남은 파마햄이나 당근, 셀러리 등을 넣고 완전히 부드러워 질 때까지 삶아 둔다.

붉은 양파는 비트와 같은 크기로 썰어준다.

케이퍼는 짠 소금기를 물에 씻어 타월로 물기를 제거해준다.

적당한 크기의 볼에 위의 재료를 모두 담고 마늘딜드레싱을 넣은 다음 골고루 섞이도록 잘 버무려 준다.

마늘딜 소스 (Garlic-Dill Vinaigrette)

후레쉬 딜(Fresh dill)／50 g
간 마늘(Garlic clove)／2 쪽
레드와인 비네가(Red wine vinegar)／3 테이블스푼
올리브 오일(Olive oil)／300 ml
소금과 후추(To taste salt and pepper)／맛을 낼 정도

⇨ 다진 마늘과 딜, 붉은 식초를 믹서기에 담고 부드러워질 때까지 돌려준다. 적당한 크기의 볼에 옮겨 담은 다음 휘퍼로 천천히 저으면서 올리브 오일을 넣는다. 소금, 후추로 간을 한다.

휀 넬(Fennel)

휀넬의 생김새는 셀러리처럼 생겼고 맛은 아니스와 비슷하다. 우리나라에서는 "대향"이라 불린다. 재미있는 것은 휀넬의 원산지인 이탈리아에서는 "피노키오"라 부르지만 최상의 휀넬은 그저 휀넬일 뿐이다.

이탈리아 피렌체(Florentine) 사람들은 그 지방에서 생산되는 휀넬을 피노키오라 부르고 그들에게 있어서 휀넬은 우리나라의 김치와 같다고 볼 수 있다.

그들은 휀넬을 고기와 같이 찌거나, 올리브 오일에 버무리고, 파마산치즈와 곁들여 고객에게 제공하기도 하며, 굽고, 생선과 절이기도 하는 등 거의 모든 요리에 사용하고 있다.

19세기 유명한 저술가인 알렉산더 더마스(Alexander Dumas)는 이태리인의 시간(Italy of his time)이라는 리포트에서 이태리 사람들은 휀넬을 뿌리째 들고 다니면서 그들의 점심과 저녁에 빵과 함께 게걸스럽게 먹는다고 씌어 있다.

그밖에도 주 이탈리아 미국영사가 미국의 제3대 대통령인 토마스 제퍼슨(Thomas Jefferson, 1743~1826)에게 보낸 서한에서 이탈리아 피렌체사람들은 휀넬을 소금도 없이 날 것으로 먹으며, 그들은 어떤 야채나 과일보다도 휀넬을 좋아한다고 기술하고 있는데 이태리 사람들의 휀넬에 대한 선호도를 단적으로 말해주고 있다.

한편 제퍼슨은 휀넬을 피렌체 식물로 자신의 나라인 미국에 소개했는데, 아마도 미국 사람들에게 휀넬의 뿌리, 씨, 줄기, 잎 등을 상세히 소개함으로써 그들이 셀러리 줄기를 날 것으로 즐겨먹는 것처럼 휀넬도 요리에 사용되기를 원했는지도 모른다.

그렇지만 많은 이태리 이주민들이 미국으로 옮겨가기 전까지는 커다란 뿌리의 휀넬을 미국에서 발견할 수 없었다.

휀넬의 실제적인 기원을 더듬어보면 이집트와 그리스의 어원인 야채 즉, "마라톤"(Marathon)이라는 의미와 날씬해지기 위한(to grow thin) 식이요법 등에서 찾아 볼 수 있는데, 그 유명한 그리스의 마라톤전쟁이 일어난 지역이 휀넬로 뒤덥혀 있기 때문인 것으로 짐작해 볼 수도 있다.

어쨌든 우리나라에서는 아직 휀넬의 생산이 저조한 상태여서 대부분의 휀넬을 수입에 의존하고 있는 실정이다. 하지만 휀넬이 우리 입맛을 강하게 자극하면 머지 않아 휀넬의 향을 많은 곳에서 경험하게 될 것이다.

휀넬과 닭가슴살에 올리브를 곁들인 샐러드
(Fennel, Chicken and Nicoise Olive Salad)

준비재료 (3 인분)

휀넬(Large fennel bulb)／1 뿌리
닭가슴살(Chicken breast)／2 쪽
씨를 제거한 니코이스 올리브(Nicoise olive)／300 g
얇게 썬 차이브(Thin sliced chive)／100 g
마요네즈(Mayonnaise)／200 g
디존 머스터드(Dijon mustard)／1 테이블스푼
발사믹코 비네가(Balsamic vinegar)／1 테이블스푼
플레인 요거트(Plain yogurt)／200 m*l*
양상추(Head lettuce)／1 포기

만드는 방법

후레쉬 휀넬은 절반으로 자른 후 줄기를 떼어내어 얇게 썬다. 닭가슴살은 기름을 두른 프라이팬에 색을 낸 후 오븐에 구워 1. 5 cm 두께로 네모 썰기한다. 차이브는 잘게 썰어둔다. 양상추는 먹기 좋은 크기로 손으로 뜯어 물에 담궈 아삭아삭하게 만든다.

적당한 볼에 마요네즈와 머스터드, 발사믹코 비네가, 플레인 요거트, 소금과 후추를 넣고 휘퍼로 잘 저어준다.

양상추를 제외한 모든 재료를 넣고 가볍게 버무려준다.

접시에 물기를 제거한 양상추를 깔고 그 위에 버무린 샐러드를 올려 제공한다.

빈 스(Beans)

미국 원주민들에게 있어 "생활에 3자매가 있다"라는 말이 있는데, 이것은 바로 세 가지 야채를 뜻하는 말로써 빈스(Beans), 옥수수(Corn), 호박(Squash)을 칭한다. 그린빈스는 약 7000년전 멕시코에 정착한 정복자들에 의해서 신대륙에 들어온 매우 오래된 음식 중에 하나이다. 유럽에 전해진 것은 크리스토퍼 콜롬부스(Christopher Columbus)에 의해서 옮겨온 것으로 추정된다.

그린빈스가 유럽에 소개되자 마자 높은 호응을 얻게 된 것은 그 당시에 식용으로 사용되고 있던 "잠두(broad bean)"가 있었기에 거부반응없이 쉽게 식탁에 오를 수 있었다. 그 이유 외에도 그린빈스는 요리하는 방법이 아스파라거스와 비슷하였기 때문에 유럽의 요리장들에게 아스파라거스 대용으로 사랑을 받았다.

사실 17세기 백과사전 학자인 Randle Cotgrave는 그린빈스를 "스파라지 빈스(sperage beans)"라고 쓰기도 했다. 이탈리아 중부지방인 토스카나(Tuscany)에서도 그린빈스가 사랑을 받았는데, "mangiafagioli" 또는 "bean eater"라 불리웠다.

현대에 와서는 빈스가 전세계적으로 요리에 중요한 재료로서 널리 쓰이고 있으며 일반 대중들도 빈스의 맛에 길들여져 있다.

빈스요리를 발전시킨 요리장이라면 독일의 Blind Hnhn(Blind hen)가 빈스에 사보리(svory), 사과, 당근, 베이컨 등과 함께 요리하여 고객에게 제공하였고, 이탈리아와 미국 앨라바마 혼열인들의 빈스에 양파와 다른 야채를 곁들여 부드럽게 만드는 스튜방식을 들 수 있다. 이들의 빈스요리방식은 지금도 각 가정에서 흔히 즐겨 사용하고 있다.

그밖에도 "beans herb"라고 하여 버터와 사보리를 곁들여 그린샐러드로 이용하기도 하고, 펜실바니아주의 네덜란드 마을에서는 빈스를 피클로 즐기고 있다. 지금도 우리 주위를 살펴보면 아직 가정에서는 빈스요리를 찾아보기 힘들지만 조그마한 레스토랑만 가더라도 고기와 함께 제공되는 뜨거운 야채로 빈스가 종종 나오곤 한다. 하지만 가장 많이 사용되는 부분은 여러가지 양념을 섞어서 만들어진 샐러드라 할 수 있는데, 이것은 육류요리가 후퇴하고 새로운 야채요리 문화가 이미 시작되었음을 대변해 주는 것이라 할 수 있다.

요리를 하는 사람들은 "그 시대의 요리는 문화를 반영하고 있다"고 자신있게 말한다. 그것은 문화에 따라서 요리의 방법이 다르고, 재료가 바뀌고, 또한 그보다 더 중요한 사람들의 취향이 바뀌기 때문일 것이다.

그런데 빈스는 7000년전부터 지금까지 꾸준하게 사람들의 식탁에 오르내리고 있다. 요리방법에는 조금씩 차이가 있겠지만 빈스를 애호하는 사람들의 마음은 예나 지금이나 같을 것으로 생각한다.

모짜렐라치즈를 곁들인 그린빈스와 노란빈스 샐러드
(Green and Yellow Beans Salad with Mozzarella Cheese)

준비재료 (3 인분)

그린빈스(Green beans)／300 g
노란왁스빈스(Yellow wax beans)／300 g
모짜렐라치즈(Mozzarella cheese)／200 g
붉은 토마토(Tomato)／1 개
마늘 다진 것(Chopped clove garlic)／1 쪽
디존 머스터드(Dijon mustard)／1 티스푼
발사믹코 비네가(Basamico vinegar)／3 테이블스푼
후레쉬 타라곤 다진 것(Chopped fresh tarragon)／1 테이블스푼
올리브 오일(Olive oil)／50 m*l*
소금과 후추(Salt and pepper)

만드는 방법

그린빈스와 노란왁스빈스는 약 2 인치 크기로 잘라서 소금이 가미된 물에 2 분 정도 삶아 얼음물에 식힌다.

모짜렐라치즈는 작은 네모모양으로 잘라둔다.

토마토 역시 씨를 제거한 다음 치즈와 같은 크기로 썰어둔다.

커다란 볼에 올리브 오일, 머스터드, 발사믹코 비네가, 타라곤 다진 것, 마늘 다진 것, 소금, 후추를 넣고 휘퍼로 내용물이 잘 섞이도록 젓는다.

준비된 빈스와 치즈, 토마토를 넣고 가볍게 버무린다.

오 이(Cucumber)

오이 역시 인류의 식생활과 오랫동안 같이해온 식물 중의 하나로 히말리아 풋힐(Foothills)에서 야생으로 자생하는 것을 인류가 식용으로 사용하였다고 전해지고 있는데, 약 3000년 전부터 인디아에서 재배하기 시작하여 오늘날에 이르고 있다.

오이는 여러가지 종류가 전세계적으로 널리 퍼져 생산되고 있지만 오이 또한 두 가지가 가장 대표적으로 생산하는 방법에 따라서 온실오이와 노지오이로 나뉘어진다. 온실에서 재배되는 오이는 떫은맛이 약하나 부드럽다. 반면 노지에서 생산되는 오이는 껍질이 질기고 향이 강한 것이 특징이다. 다만 모양이나 표면은 오이의 크기와 종류에 따라서 조금씩 다르고 맛은 대동소이하다.

오이의 성분으로는 물이 전체 96%를 차지하고 칼로리가 매우 낮아 100 g 당 12 cal 정도이다. 그렇지만 다량에 미네랄과 비타민 A 와 C, E가 함유되어 있다.

오이를 날것으로 요리에 사용할 때에는 떫은맛을 제거하기 위해서 약간의 소금을 첨가하여 절인 다음 양념을 첨가하면 된다. 그러나 이때 주의해야 할 점은 떫은맛은 없어진다 할지라도 오이에서 흘러나오는 수분과 함께 오이향이 날아갈 수 있으므로 물기가 많이 나오지 않도록 주의해야 한다.

오이는 오래 전 아시아에서 천주교도들에 의해 유럽으로 전파되었는데 오이에 대한 고대로마 요리사들의 애정은 특별하다고 볼 수 있다. 기록에 의하면 "오이는 태양이 만들어낸 모든 것과 비싸고 높은 품질의 와인과 박하를 넣어 '작은 요정(a little Sylphium)'을 만들어 낸다"고 한다.

또한 티베리우스왕(Emperor Tiberius)은 오이를 매우 좋아했기에 오이가 생산되지 않는 계절에는 마차에 오이를 심어 낮에는 햇빛을 쪼여 오이를 생산하도록 하여 식탁에 올렸다고 한다. 그렇지만 오이를 좋아하는 것은 티베리우스왕만은 아니었다. 일반 사람들이 들판의 벌레가 우글거리는 야생오이 넝쿨에서 손가락만한 오이를 따먹는 모습을 기록으로 전하고 있다.

천주교도들은 오이를 먹는데 갈거나, 튀김, 찜, 피클, 다른 재료로 속을 채우는 등 매우 다양하게 요리하였다. 1700년대 말 쉐이커(Shaker religious ; 기독교의 일파)의 교리에 오이에 대한 내용이 있어 매우 흥미롭다. 그들은 그것이 자신들에게 물려준 하나님의 축복이라 여겨, 광신자들은 오이를 그들의 기도기간 중 식이요법으로 사용하기도 했는데, 병을 치료하거나 피부를 아름답게 가꾸는 효력을 지니고 있다고 전한다. 한편 일본인들이 오랜 세월동안 가지를 쪄서 먹은 것처럼 인디언들은 오이를 그들의 주요 음식인 샐러드로 만들어 먹어왔다.

최근 과학적인 근거에 의하면 오이에는 비타민 E가 다른 야채에 비하여 월등히 많다는 결과가 나왔다는 것을 보면 사람들이 옛날부터 지금까지 오이를 즐겨 먹은 것이 결코 우연만은 아닌 듯 싶다.

파인애플과 오이샐러드
(Pineapple-Cucumber Salad)

준비재료 (3인분)

중간크기 오이(Cucumber)/2개
잘 익은 후레쉬 파인애플(Fresh pineapple)/1개
붉은 피망(Red bell pepper)/3개
후레쉬 생강 갈은 것(Grated ginger)/1티스푼
붉은 양파(Red onion)/1개
흑설탕(Brown sugar)/3테이블스푼
후레쉬 레몬주스(Fresh lemon juice)/3테이블스푼
엔다이브 잎(Endive leaf)/100 g
소금과 후추(Salt and pepper)
옥수수기름(Corn oil)/50 ml

만드는 방법

오이는 소금으로 씻어 껍질을 까서 둥글게 썰어놓는다.

파인애플 역시 껍질을 까고 중앙에 단단한 부분은 칼집을 넣어 제거하고 다시 1/4등분하여 0.5 cm 두께로 썰어둔다.

피망은 씨와 씨방을 제거하고 굵은 줄리앙으로 썰어둔다.

엔다이브는 밑동을 잘라 잎들을 조심스럽게 떼어내어 절반씩 갈라 놓는다.

준비된 모든 재료를 볼에 담고, 콘 오일과 레몬주스, 설탕, 소금, 후추를 넣고 살짝 버무려준다. 이러한 오이 샐러드는 석쇠에 구운 고기나 생선 등과 잘 어울리므로 식단을 만들 때 조금만 신경쓰면 훌륭한 맛의 조화가 이루어질 수 있다.

셀러리(Celery)

네덜란드의 부인과 전문의인 반디벨드(Van de Velde)는 그의 저서 "영혼의 결혼 (Ideal Marrige)"에서 "셀러리는 정력에 좋은 효과가 있다"고 쓰고 있다. 그러한 말을 뒷받침이나 하듯 로마에서는 많은 사람들이 셀러리가 숙취를 제거해 준다고 믿고 있다.

또한 중세 마술사들은 '소량의 셀러리 씨를 신발에 넣고 다니면 사람들이 날아다닐 수 있다'고 하는 전설로 미루어 볼 때 셀러리에 대한 효능을 믿는 사람들이 상상 외로 많은 것으로 생각된다.

어쨌든 이러한 이야기들은 셀러리를 야채 중에서 으뜸의 위치에 올려놓는데 많은 공헌을 하였고, 요리를 하는데 있어서 셀러리의 역할을 강조되도록 하였다.

셀러리는 고대에서 지금까지 언제나 대중들의 곁에 있었다. 그 증거로 그리스에서는 모든 요리의 양념으로 셀러리가 쓰여졌고, 고대 로마에서는 디저트에 셀러리향을 첨가하였다.

그 후 16세기 유럽에서는 셀러리의 잎, 씨, 줄기 이 모든 것이 요리에 두루 사용되었으며 의약품으로도 이용되었다.

또한 덴마크의 전통요리인 Blad-selleri(블루치즈 수프의 일종, Rich blue cheese)에 셀러리를 기본재료로 사용하고 있으며, 우리가 흔히 알고 있는 월돌프샐러드(Waldorf salad)의 본래 레스피에는 사과와 셀러리의 비율이 50 : 50으로 사용되고 있다.

셀러리의 경작은 1600년경 프랑스에서 시작되었는데 그 당시 적어도 30종류가 넘는 다양한 셀러리가 개발되어 호황을 이루었다. 현재 미국에서는 캘리포니아와 플로리다주에서 미국 전역에서 사용되는 셀러리의 80%를 생산하고 있는데 이것은 이 지역이 셀러리가 성장하기에 좋은 기후조건을 지니고 있기 때문이다. 우리나라에서도 셀러리의 생산은 비교적 좋은 편이어서 양질의 셀러리를 요리에 사용하는데는 별로 불편이 없다.

셀러리는 요리에 사용하기에 매우 적합한 특성을 지니고 있다. 그것은 셀러리의 재배가 일년 내내 가능할 뿐만아니라 다른 야채와 비교하여 사용이 매우 간단하다.

여러분이 요리할 때 주위를 둘러보면 언제든지 셀러리를 발견할 수 있다는 것은 셀러리가 서양요리에서 차지하는 비중이 얼마만큼이라는 것을 대변해 준다.

셀러리와 당근 피클
(Pickled Celery and Carrots)

준비재료 (6인분)

올리브 오일(Olive oil)／60 m*l*
후레쉬 레몬주스(Fresh lemon juice)／5 테이블스푼
후레쉬 딜 다진 것(Fresh dill chopped)／2 테이블스푼
후레쉬 다임 다진 것(Fresh thyme chopped)／1/2 티스푼
파슬리(Sprigs parsley)／2 작은 줄기
월계수 잎(Bay leaf)／1
부드러운 셀러리(Celery)／4 줄기
중간 크기의 당근(Carrots)／4 뿌리
소금과 검은 통후추 갈은 것(Salt and fresh ground black pepper)

만드는 방법

셀러리와 당근은 깨끗하게 씻은 후 같은 크기(약 2인치)로 썰어 놓는다. 커다란 소스 팬에 올리브 오일과 레몬주스, 소금, 허브, 후추를 넣고 끓인다. 끓기 시작하면 셀러리와 당근을 넣고 한 번 정도만 살짝 소테한다.

야채가 잠길 정도로 물을 붓고, 뚜껑을 덮은 다음 낮은 온도에서 15분 정도 끓여준다. 당근과 셀러리가 익었으면 식힌다. 완전히 식은 다음 유리 그릇에 옮겨 약 24시간 정도 냉장고에 보관한 다음 사용하면 좋다.

셀러리, 당근 피클은 안티파스토나 샌드위치, 고기요리의 가니쉬 등으로 매우 다양하게 쓰인다.

브로커리(Broccoli)

브로커리를 좋아하는 사람은 요리되어 있는 브로커리를 보기만 하여도 전율을 느낀다고 한다. 바삭바삭한 줄기에 우거진 숲과 같은 모습의 파란 브로커리는 마치 자신의 숲으로 오라고 유혹하는 것처럼 느껴질 때도 있다.

브로커리는 끓는물에 살짝만 데쳐주는 것이 좋은데, 누구나 간단하게 조리하여 맛있고 훌륭한 요리를 만들어 낼 수 있다.

요리를 하는 사람들은 오래 전부터 브로커리의 진가를 인정하고 맛에 대하여는 의심하지 않았다.

따라서 브로커리를 요리하는 방법도 다양해서, 날 것으로 딮 소스(dip sauce)에 찍어 먹기도 하고, 부드러운 줄기를 썰어서 소스와 샐러드, 수프에 사용하기도 하며, 고기종류와 곁들여 제공되는 등 각종 요리에 이용해 왔다.

고대 로마시절의 요리사들은 향이 강한 큐민(Cumin), 커리앤더(Coriander) 등을 브로커리와 같이 조리했고, 중국에서는 전통적으로 기름에 튀기는 요리를 중시하므로 브로커리의 작은 줄기를 하나하나 떼어 내거나, 줄기를 얇게 썰어 높은 열을 가한 기름에 튀겨 바삭바삭한 맛을 유지시켰다.

16세기 프랑스 요리사들은 브로커리에 대하여 아무런 가치를 느끼지 못했는데 헨리 2세(Henry II, in 1533)와 결혼한 캐서린(Catherine de Medicis)에 의해서 브로커리에 대한 요리법이 소개되었고, 곧 많은 사람들에게 알려지게 되었다. 그러나 브로커리가 세계적으로 알려지는데 결정적인 공헌을 한 사람들은 아마도 이탈리아 요리사들일 것이다.

그들은 브로커리를 조리하는 수만 가지 래스피를 가지고 있었으며, 지금도 대부분의 조리방법이 이탈리아지역을 중심으로 즐겨 사용되고 있다.

브로커리의 의미는 이태리어 중에서 가지를 나타내는 말이 바로 "Brocco"인데 여기에서 발전된 것으로 추정되고 있다. 왜냐하면 브로커리는 작은 가지가 모여서 하나의 덩어리를 이루고 있기 때문이다.

따뜻한 브로커리와 베이컨, 검은 올리브 샐러드

(Warm Broccoli, Bacon, and Black Olive Salad)

준비재료 (3 인분)

중간 크기의 브로커리(Bunch broccoli)／2 덩어리
엔다이브(Endive)／2 포기
베이컨(Bacon)／200 g
마늘 다진 것(Minced clove garlic)／2 쪽
발사믹코 비네가(Balsamico vinegar)／3 테이블스푼
노란색의 말린 건포도(Golden raisins)／60 g
검은 캔 올리브(Pitted can black olives)／150 g
소금과 후추(To taste salt and pepper)／맛을 낼 정도

만드는 방법

브로커리는 한입에 먹기 좋은 크기로 약간의 줄기가 붙어 있도록 잘라 소금을 넣은 물에 데쳐 놓는다.

엔다이브는 잎을 조심스럽게 떼어내어 절반씩 잘라 놓는다.

베이컨을 네모썰기하여 프라이팬에 볶아 기름기를 빼고, 생성된 기름을 다른 팬에 옮겨 담아 마늘 다진 것을 넣고 마늘향이 고소하게 우러나올 때까지 볶아준다.

발사믹코 비네가와 노란 건포도를 넣고 1 분 정도 끓여준다.

적당한 볼에 브로커리와 엔다이브를 담고 베이컨, 마늘과 같이 볶은 건포도를 넣고 한두 번 버무려준다.

소금과 후추로 간을 한다.

아보카도(Avocado)

아보카도는 아보카도 나무에 열리는 열매를 말한다. 이 열매를 수확할 때는 아무리 많은 양의 아보카도라 할지라도 수작업에 의존한다. 그 이유는 품질의 유지와 숙성하는데 조금이라도 흠이 있으면 쉽게 썩기 때문이다. 아보카도를 보관할 때는 너무 찬 곳은 피해야 한다. 특히 냉장고에 보관하는 것은 아보카도가 숙성하는데 매우 좋지 않다.

아보카도가 단단하다 할지라도 상온에서 숙성되기 때문에 부드러운 천이나 왕겨, 쌀 등을 바닥에 깔고 보관하여 3~4일 후면 훌륭하게 숙성된 아보카도를 얻을 수 있다. 그러나 비닐봉지나 산소가 없는 진공상태에서는 숙성이 중지된다. 일단 껍질을 제거한 아보카도는 모두 사용하는 것이 좋다. 아보카도의 속부분은 공기와 접하게 되면 검은색으로 변하므로 이것을 요리에 사용하게 되면 결코 고객들의 입맛을 자극하지 못하기 때문이다.

아보카도는 고대 잉카제국시 왕에게만 상납되는 신비의 열매로 알려져 있다. 이것은 아보카도가 함유하고 있는 영양과 맛을 단편적으로 말해주는 것이다. 현대에 와서도 아보카도는 부드러운 맛과 깊은 향으로 많은 사람들을 유혹하고 있다. 그에 못지 않게 아보카도가 과일인가 또는 야채인가를 놓고 벌이는 많은 논쟁 역시 아보카도에 대한 사람들의 관심으로 풀이된다.

이러한 논쟁의 발단은 아보카도가 나무에 열리며 과일과 같은 씨앗을 지니고 있는 반면 그 맛이나 영양소의 구성에 있어서는 야채의 그것에 가깝다는 것이다. 하지만 이러한 논쟁거리는 학자들에게 맡겨두고 요리를 하는 사람들은 어떻게 하면 아보카도를 이용하여 맛있는 요리를 만들어 내는가에 관심을 갖는 것이 좋을 것이다.

아보카도의 씨를 제거하고 새우살이나 치킨으로 속을 채우고 버터에 굽는다던가, 곱게 갈아서 무스로, 수프에, 샐러드, 소스, 아이스크림 등의 요리로 미식가의 혀를 자극하는 것은 요리인의 몫이다.

브라질 사람들은 아보카도를 과일로 취급하고 있다. 그들은 껍질을 깐 아보카도를 곱게 갈아서 설탕을 첨가한 다음 맛있는 디저트를 만들어 내는 훌륭한 기술을 갖고 있다. 아보카도잎을 사용하는 사람들은 라틴국가들로 토틸라(Tortilla)라고 하는 옥수수빵을 만들어 오븐에 구울 때 아보카도잎으로 싸서 굽는다.

이렇게 구우면 빵에서 아니스와 같은 향이 난다. 아보카도가 처음으로 경작된 것은 7000년전으로 추정되며, 스페인 이전인 아즈텍에서 처음으로 먹기 시작한 것으로 전해지고 있다.

아보카도의 어원은 라틴어인 "ahuacatl"에서 유래되었다. 이 뜻은 남성의 고환이라는 의미를 지니고 있다. 나무에 달린 아보카도가 마치 남성의 그것과 비슷하게 생겼기 때문이 아닐까? 현재 아보카도가 가장 많이 생산되고 있는 곳은 미국의 캘리포니아와 플로리다주로서 미국 내 생산의 80%를 차지하고 있다.

우리나라에도 제주도에 주렁주렁 달린 아보카도농장이 생겨났으면 하는 상상과 기대를 해본다.

아보카도와 새우 샐러드에 토틸라 샐러드
(Avocado and Shrimp Salad with Tortilla Salad)

준비재료 (3인분)

중간 크기의 아보카도(Medium size avocados)／3개
레몬주스(Fresh lemon)／1개
후레쉬 오레가노 다진 것(Fresh oregano chopped)／1티스푼
말린 큐민(Dried cumin)／1티스푼
사워크림(Sour cream)／150 m*l*
중간 크기 새우(Shrimp)／15마리
씨를 제거한 검은 올리브(Pitted black olives)／100 g
토틸라(Tortilla)／3장
소금과 후추(Salt and pepper)／맛을 낼 정도
식용유(Salad oil)／1 *l*

만드는 방법

새우는 소금과 통후추를 넣은 물에 삶아 절반으로 자른다. 아보카도는 조심스럽게 돌려가며 칼집을 넣고 비틀어 씨를 제거한 다음 껍질을 벗기고 0.5~1 cm 두께로 썰어둔다.

토틸라는 웨지(Wedges)로 잘라 180℃ 기름에 튀겨 건져낸다.

적당한 볼에 토틸라를 제외한 모든 재료를 담고 잘 버무려 준다.

접시 중앙에 샐러드를 담고 준비된 토틸라를 접시주위로 돌려가며 보기 좋게 놓는다.

버 섯(Mushroom)

버섯은 서양요리에 있어서 매우 밀접한 관계를 갖고 있으면서도 때로는 맹독을 지닌 버섯들 때문에 많은 논란을 일으키곤 하였다. 한때 버섯은 아무런 가치도 없으면서 사람을 유혹하여 해를 입힌다는 혹독한 평가를 받기도 하였다. 그 당시 어떤 미식가는 "아무리 맛이 있는 요리법을 사용해서 버섯을 조리했다 할지라도 목숨을 걸만큼 그것을 먹고 싶지는 않다."라고 하여 버섯독을 무릅쓰고 버섯을 먹는데 얼마만큼의 용기가 필요했었는지 미루어 짐작할 수 있다.

1800년대 당시만 해도 버섯은 일반 가정에서 먹기에는 상당한 어려움이 있었다. 이때 Mrs. Marion Harland에 의해 씌어진 "가정주부의 일반상식"(Common sensein Household : A Manual of Practical Housewifery)에서 그녀는 시장에서 팔고 있는 버섯을 식재료의 선택기준에서 제외시켰고, 야생버섯을 수집하는 사람들에게는 자신의 판단을 신뢰하고 버섯에 들어 있는 여러가지 독에 대하여 경계해 줄 것을 당부하는 내용에 글을 쓰고 있다. 그리고 그녀 자신도 "나는 결코 버섯을 먹지도 요리하지도 않겠다."는 말을 남길 정도로 버섯에 대한 혐오감은 대단했다.

지금도 그녀의 주장 중에서 설득력이 있는 부분은 다음과 같이 독이 있는 버섯의 감별방법이데, "버섯을 양파와 같이 삶거나 은수저로 저었을 때 양파의 색이 검은 색으로 변하거나 은수저의 색이 변하면 먹지 않는 것이 좋다." 또는 "색깔이 화려하고 예쁘게 생긴 버섯은 일단 독이 들어있는 것으로 의심할 것"을 명시하고 있다. 그녀의 이러한 독버섯 감별은 현대에 와서도 흔히 사용되고 있다. 하지만 버섯을 애호하는 사람들의 주장은 그 반대이다.

버섯 애호가로는 19세기초 알렉산더 더마스(Alexander Dumas)를 들을 수 있는데 그는 버섯이야말로 최고의 음식이라 칭찬하고 특히 표고버섯(cépes)은 힘을 솟게 하는 원천이라고 극찬을 아끼지 않았다. 그는 또한 모렐(Morels)이 식욕을 촉진시키고, 장의 기능과 위를 튼튼하게 하는데 도움을 줄 뿐만아니라 소스에 아주 중요한 역할을 하는 만능의 재료라고 격찬하였다.

20세기 접어들면서 야생버섯에 대한 독의 논란은 줄어들지 않았지만 시장에서 판매되고 있는 버섯에 대하여는 독에 대한 성격을 달리하였다. 그것은 정확한 검증을 받고 식용으로 하여도 좋다는 승인을 얻은 버섯에 한하여 시장에서 거래될 수 있었기 때문이다. 이들 시장에서 승인을 얻은 버섯들은 양송이(Button Mushroom), 찬트라(Chanterelle), 팽이버섯(Enoki), 모렐(Morel), 느타리버섯(Oyster Mushroom), 표고버섯(Shiitake) 등 우리들 주위에서 흔히 볼 수 있는 것들이다.

이때부터 버섯은 비스큐(Bisques), 튀김, 소스, 스플레, 피클, 또는 날 것으로 샐러드 등에 급속하게 이용되었다. 버섯이야말로 요리의 재료로서 뒤늦게 사람들과 친숙해졌다 해도 과언이 아닐 것이다. 그렇지만 버섯 역시 고대 석기시대부터 인간이 식용으로 사용해온 재료 중의 하나이다. 그것은 고대 이집트의 파라오에서 음식물의 일부로 기록이 남아있고, 프랑스의 요리기록이 그것을 뒷바침해 주고 있다.

과학이 발달한 현대에 와서도 버섯은 매우 신비스러운 존재로써 그 비밀을 우리에게 완전히 보여주지 않고 있다.

구운 송아지고기와 느타리버섯 샐러드
(Crisp Veal and Oyster Mushroom Salad)

준비재료 (3인분)

버터(Butter) / 50 g
오일(Olive oil) / 2 테이블스푼
송아지 엉덩이살(Veal) / 200 g
밀가루(Flour) / 3 테이블스푼
느타리버섯(Oyster mushroom) / 300 g
후레쉬 세이지 다진 것(Fresh sage chopped) / 1 티스푼
붉은 고추 다진 것(Chopped red pepper) / 1/4 티스푼
발사믹코 비네가(Balsamico vinegar) / 3 테이블스푼
푸른 모듬 샐러드(Mixed green salad) / 300 g

만드는 방법

송아지고기는 0.2 cm 두께로 썰어 소금과 후추로 간을 한다. 프라이팬에 버터와 기름을 섞어 두르고 열을 가한 다음 송아지고기에 밀가루를 뿌려준다. 팬에 송아지고기의 양면이 노란색이 날 때까지 구워준 다음 꺼내서 식힌다.

같은 팬에 느타리버섯을 넣고 적당하게 구워지면 세이지 다진 것과 붉은 고추 다진 것을 넣고 약 2분 정도 더 익힌다. 준비해 둔 송아지고기를 넣고 발사믹코 비네가를 첨가해 준다. 적당한 볼에 푸른 모듬 샐러드를 담고 송아지고기와 느타리버섯을 뜨거운 채로 넣는다.

살짝 버무려 더운 상태로 고객에게 제공한다.

아티초크(Artichoke)

얼마 전까지만 해도 아티초크는 예쁘게 생긴 푸른 꽃봉오리에 지나지 않았다. 왜냐하면 그것을 먹기에는 너무 단단해 보였기 때문이다.

하지만 새로운 요리방법이 소개되면서 여러 종류의 아티초크 중에서 몇 가지만을 제외하고는 우리들의 식탁에서 사랑받는 요리로 남게 되었다.

아티초크가 요리와 친숙해질 수 있었던 것은 그것이 갖고 있는 어떠한 영양학적 근거보다는 그것을 먹거리로 하려는 사람들의 열정이 더 크게 작용한 것으로 보인다.

이탈리아에서는 여러 종류의 아티초크가 생산되는데 그 중에서도 자줏빛 아티초크는 날 것으로 가늘게 썰거나 잘게 찢어서 편편한 널빤지에 깔아 올리브 오일을 뿌려 절인다음 그대로 먹는다. 이 아티초크는 색상부터가 전통적인 푸른 아티초크와 차이가 난다.

색상으로 볼 때 흰 아티초크는 프랑스에서 많이 자라고 있는데 살짝 데쳐서 요리에 사용하고 있다. 이 아티초크는 미쳐 피어나지 않은 부드러운 부분을 요리에 사용하는데 그것이 가지고 있는 독창적인 맛보다는 다른 양념을 첨가함으로써 훌륭한 맛을 낸다.

프랑스 역시 이탈리아와 마찬가지로 많은 종류의 아티초크가 자라고 있는데 엷은 자줏빛을 띠는 라벤더 아티초크가 역시 날 것으로 식용이 가능하다.

프랑스에 아티초크 요리법을 소개한 것은 15세기 중반 캐서린(Catherine de Me'dicis)이라고 할 수 있다.

그녀는 외관상 밑부분이 없어 보이는 아티초크를 프랑스로 가져와 요리에 사용했는데 그녀의 부군인 헨리 2세(Henry II)를 통해서 프랑스에 소개되었다 해도 과언이 아닐 정도로 헨리 2세는 귀족들과 만찬을 즐겼다. 또한 캐서린의 아티초크에 대한 열정은 남달랐다. 그녀는 특히 아티초크 하트를 밀가루에 묻혀 기름에 튀기는 요리를 즐겨먹었다.

이러한 이유 때문에 아티초크가 프랑스와 스페인에 급속하게 대중화되었다. 19세기에 와서 Maetha Washington이 쓴 "Books of Cookery"에서는 아티초크를 건강식으로 소개하고 있다. 그의 래스피에는 아티초크 파이, 무스, 빵 등 거의 모든 요리에 아티초크를 사용하고 있다.

아티초크는 바깥쪽의 질은 잎을 하나하나 떼어내면 매우 부드럽고, 보물 같은 안쪽 잎을 발견하게 된다. 아무리 작은 봉오리의 아티초크라 할 지라도 이러한 보물을 지니고 있다. 아티초크를 조리할 때는 줄기도 포함하여 쓰기도 하는데 사용하기전 껍질을 벗기고 썰어주는 것이 좋다. 하지만 때로는 쓴맛을 지닌 경우도 있다. 후레쉬 아티초크를 다듬을 때 색깔이 변하는 것을 막기 위하여 레몬주스를 탄 물을 사용할 수 있는데, 500 m*l* 정도의 물에 1개의 후레쉬 레몬을 짜서 넣으면 적당하다. 이렇게 하면 하루 정도는 색깔이 변하지 않고 보관할 수 있다.

꿀과 머스터드소스를 곁들인 아티초크
(Artichoke with Honey Mustard Sauce)

준비재료 (3인분)

플레인 요거트(Plan yogurt) / 100 m*l*
후레쉬 레몬주스(Fresh lemon juice) / 1티스푼
후렌치 머스터드(French mustard) / 30 g
잘게 썬 차이브(Thin sliced chive) / 2테이블스푼
후레쉬 아티초크(Fresh artichoke) / 10송이

만드는 방법

아티초크의 단단한 겉껍질을 떼어내고 부드러운 속잎만을 남겨두고 맨윗부분을 잘라낸다음 절반으로 잘라 레몬주스를 섞은 물에 담아둔다.

소금을 넣은 물에 부드러워질 때까지 삶은 다음 건져 상온에 둔다.

적당한 볼에 요거트와 머스터드, 꿀, 차이브를 담고 완전히 섞일 때까지 부드럽게 저어준다.

접시에 아티초크를 돌려가며 보기 좋게 놓은 다음 준비된 소스를 뿌려 손님에게 서브한다.

제 2 부

에피타이저

요리를 즐기는 데는 여러가지 방법이 있다. 특히 서양요리에 있어서는 더욱 그러하다. 러시아의 위대한 명조리장인 "위르뱅 뒤브아(Dubois Urbain ; 1818~1901)"가 프랑스요리에 러시아식 요리방법인 코스별 요리를 접합시키면서 세계적으로 발전시키는 계기를 마련하였다. 에피타이저는 바로 이러한 코스메뉴에서 제공되는 순서적 요리로서 목적이 분명하게 나타나고 이해하기도 쉽다.

프랑스에서는 Hors d'oeuvre 라고 하며, 영 · 미에서는 에피타이저라고 하는데, 프랑스의 어원적 의미로 볼 때 Hors d'oeuvre 의 Hors 는 "앞"을 의미하고 oeuvre 는 "식사"를 뜻한다. 즉 식사 전에 제공되는 요리를 가리킨다.

따라서 에피타이저가 식사 전에 제공된다는 점에서 그 목적과 역할 역시 식욕을 일으킨(Appetissant)다든지, 식욕을 촉진(Appetizer)시킨다는 의미로 풀이된다. 이와같은 맥락에서 북유럽에서는 스모가스보드(smogasbord), 중국에서는 리앵반(冷盆), 러시아에서는 자쿠스키(zakuski)라고 부르고 있다.

에피타이저의 기원에 대하여는 학자들에 따라 조금씩은 차이가 있지만, 러시아에서 연회를 하기 전에 참석자들에게 주류와 함께 간단한 요리를 제공한데서 시작되었다고 한다. 이밖에도 중세기 이탈리아의 번성기에 이탈리아의 요리가 프랑스에 전해지면서 발전했다는 설도 있다.

PART 2

Appetizer

물론 각국마다 나름대로의 에피타이저 형식의 요리가 있으나, 그 목적은 대동소이하다. 에피타이저가 전체적인 요리를 맛있게 먹을 수 있도록 식욕을 돋구어 주고 요리 자체에 대하여 친근감이 갈 수 있도록 하기 위해서는 다음과 같은 몇 가지 조건을 구비하는 것이 좋다.

첫째, 맨 처음 제공되는 요리인 만큼 고객의 미각을 자극시킬 수 있는 향과 시각적인 아름다움이 갖추어져야 한다.

둘째, 주요리에 사용되는 재료와의 반복을 피하고 영양적으로 균형이 잡히도록 해야 한다.

셋째, 소화촉진을 위하여 타액을 충분히 촉진시킬 정도의 자극적인 맛이 나도록 한다.

넷째, 소량으로 계절감각을 느낄 수 있고, 특색이 뚜렷이 나타나도록 한다.

에피타이저의 종류는 크게 나누어 찬 것과 더운 것으로 구분할 수 있는데 찬 것은 Hors d'oeuvre Froid(Cold)라 하고 더운 것은 Hors d'oeuvre Chaud(Hot)이라 하며 다시 세분되어 종류별로 나눠진다.

본서에서는 보다 전문적이고 구체적으로 다루기 위하여 정찬에서 제공되는 에피타이저만을 다루었다.

허 브(Herbs)

허브가 요리에 미치는 영향은 대단하다. 특히 서양요리에 있어 허브의 사용은 요리의 맛을 좌우하는 중요한 요소로서 자세히 알아둘 필요가 있다. 우리나라 요리에는 고춧가루를 많이 사용하고 있는데 만약 "매운탕"에 고춧가루를 사용하지 않았다면 이것은 결코 "매운탕"이라고 할 수 없을 것이다. 그렇다고 해서 사용하지 말아야 할 요리에 사용한다면 그것 또한 엉뚱한 요리로 변해버리는 것이 고춧가루의 특성인 것처럼 허브 역시 사용해야 할 요리와 그렇지 않은 곳을 적절히 구분하여 첨가해야 한다.

에피타이저와(Appetizer)와 샐러드(Salad)에 있어서 허브의 사용은 일반적으로 가공하지 않은 자연 그대로의 것을 많이 사용하게 되는데, 전문가의 입장에서도 그 생김새나 모양, 향 등이 익숙하지 않아 혼동을 일으키는 경우가 자주 있다.

허브는 대체적으로 그 줄기나 꽃 등의 형태가 작다. 종족번식을 위해서는 벌과 나비를 유혹해야 하는데 꽃이나 줄기가 작아 잘 보이지 않으므로 멀리서도 향을 충분히 느낄 수 있도록 매우 강한 방향성 물질을 지니고 있다.

이러한 허브의 특성은 요리와 고객의 관계에서도 적용되는데, 요리가 완성된 후 한줄기 또는 그 이상의 허브를 접시에 얹어 제공함으로써 고객은 요리를 먹기 이전에 후각으로 요리를 음미하고, 다음으로 미각으로 음미하므로 고객의 전체감각을 자극시키는 역할을 하게 된다. 이러한 이유로 중세에서는 허브가 마약이라 불릴 정도로 과대평가되기도 하였다.

향신료의 사용은 동양과 서양에 있어서 약간은 다른 방향에서 시작되었다고 볼 수 있다. 동양에서는 대부분이 농경사회에 바탕을 둔 식생활을 하고 있었기에 굳이 냄새가 강한 향신료를 요리에 사용할 필요성을 느끼지 못하였다. 따라서 순한 맛을 내는 향신료는 요리에 사용하였고, 강한 향신료는 약용으로 많이 사용했다.

서양의 경우에도 향신료를 약품으로 사용하지 않은 것은 아니나, 그들의 주식이 육류에 바탕을 둔 관계로 조리시 나는 냄새를 없애고 저장과정에서의 부패를 방지하기 위한 방법으로 많이 사용하였다. 이러한 이유 때문에 향신료의 가격이 비싸다할지라도 사용하지 않을 수 없었고, 비싼 만큼 그것을 획득하려는 노력과 주도권 다툼은 매우 치열했을 것이다. 어쨌든 허브는 현대에 와서도 그 용도와 쓰임새가 날로 증가하고 있다.

육류를 이용한 에피타이저
(Meat Appetizer)

육류를 에피타이저에 사용할 때는 요리목적에 따라 적당한 부위를 선택해야 한다. 오늘날 육류의 소비경향은 지방질이 많은 부분보다는 단백질이 많은 살코기부분을 선호하고 있으며, 상당한 양의 야채를 곁들여 먹는 것이 대중화되어 있다. 이러한 이유는 동물성 지방에 포함되어 있는 콜레스테롤(Cholesterol)때문이기도 하겠지만 균형있는 영양을 섭취하겠다는 인간의 의지이기도 하다.

에피타이저에 사용되는 육류는 가급적 근육조직이 부드러운 부분을 사용하는 것이 좋다. 따라서 에피타이저의 재료로 쓰이는 육류의 부위는 운동량이 적은 안심이나 등심살을 사용하고 있다.

근육조직이 비교적 단단한 부위로 만들어진 이탈리안 파마햄(Parma Ham)이나 양념에 말린 쇠고기(Air Dry Beef) 종류는 얇게 썰거나 첨가제를 이용하여 부드럽게 하는 조리방법을 선택한다. 그리고 때에 따라서는 근육 속에 포함되어 있는 지방의 비율에 따라 부위를 선택하기도 한다.

그밖에 운동량에 관계없는 부위로 간(Liver), 송아지의 목젖(Sweetbread) 등을 이용하면 좋지만 무엇보다도 요리를 하는 사람의 정성과 재료에 맞는 적절한 조리방법을 선택하는 것이 중요하다.

다른 재료에서도 마찬가지겠지만 특히 육류를 이용해서 요리할 때는 온도조절과 적절한 시간의 선택이 필요하다. 그 이유는 육류의 요리시 익히는 정도의 차이가 육질의 부드러움과 단단함에 적지 않은 영향을 주므로, 완전히 익혀야 될 것과 그렇지 않을 경우를 사전에 숙지하고 요리에 임하지 않으면 고객이 요구하는 요리를 만들기 어렵기 때문이다.

뿐만아니라 뜨거운 요리의 경우 고객에게 제공되는 시간에 맞추어 정확하게 생산해야 하므로 많은 현장경험과 온도 및 기구에 관한 지식이 조리의 바탕이 되어야 한다.

그러기 위해서는 끊임없이 새로운 요리와 조리방법을 찾아내기 위한 연구와 실험을 통한 메뉴의 개발을 게을리해서는 안된다.

버섯과 달팽이에 치즈를 얹어 구운 돼지안심

(Pork Tenderloin and Grill Mushroom, Snail, Cheese)

사보리(Savory)

사보리는 초여름에 나는 것이 가장 향이 좋으므로 섬머 사보리(Summer Savory)란 말은 사보리 중에서 가장 좋은 것을 의미한다. 대부분의 허브 원산지가 지중해 국가이듯이 사보리 역시 지중해 국가들과 프랑스 남부지방에서 다량 재배된다. 매우 향기로운 잎과 연한 라일락색의 꽃을 지니고 있다. 잎을 따서 말리거나 후레쉬한 상태로 사용한다. 양고기구이, 수프, 샤워클락(Sauerkraut), 소시지, 야채 등에 사용하는데 조리할 재료와 같이 넣어서 요리하는 것이 좋다.

준비재료 (3 인분)

돼지고기 안심(Pork tenderloin)／120 g
느타리버섯(Oyster mushroom)／50 g
표고버섯(Black mushroom)／3 줄기
양송이버섯(Butom mushroom)／3 개
삶아서 껍질을 제거한 달팽이(Snail)／6 개
모짜렐라치즈(Mozzarella cheese)／120 g
10 mm 두께 양파링(Onion ring)／15 개
얇게 썰어 튀긴 인삼뿌리(Thin sliced ginseng)／6 쪽
비트오일(Beet root oil)／3 테이블스푼 (만드는 방법 참조)
물냉이(Water cress)／3 줄기
샐러드오일(Salad oil)／100 ml
다진 후레쉬 로즈마리(Chopped fresh rosemary)／1 티스푼
굵게 갈은 검은 통후추(Grated whole black pepper)／1 티스푼
소금과 후추(Salt and pepper)

만드는 방법

돼지고기 안심은 주위에 샐러드오일을 발라준다. 소금과 후추로 간을 하고, 다진 로즈마리를 고르게 발라준 다음 180℃의 오븐에서 5 분 정도 구워낸 후, 1 인분에 3 쪽씩 썰어둔다.

삶은 달팽이는 절반씩 잘라둔다.

프라이팬에 기름을 두르고 세 가지 버섯을 적당한 두께로 썰어서 노릇노릇한 색이 나도록 구워낸다. 모짜렐라치즈는 굵은 강판에 갈아둔다.

새 프라이팬에 기름을 두르고 센불에서 양파링을 약간 검은 색이 날 때까지 구워준다. 접시 중앙에 썰어둔 돼지고기 안심, 달팽이, 안심, 구운 버섯, 모짜렐라치즈 순으로 얹는다.

살라만더(Salamader)에 치즈가 노릇노릇한 색이 날 때까지 구워준다. 접시주위에 구운 양파링을 돌려놓고 인삼튀김을 얹은 다음 비트오일을 뿌려주고, 굵게 갈은 후추로 마무리한다.

이탈리안 멧돼지 햄과 멜론

(Procuitto Ham with Melon)

클로브(Cloves)

클로브는 인도네시아가 원산지인 열대목으로 꽃이 개화되기 전에 수확하여 건조시킨 것으로 향이 매우 강하다.

클로브는 프랑스를 비롯하여 전세계적으로 요리를 만들 때 없어서는 안될 매우 중요한 향신료로 인식되어 왔고, 현재도 전세계적으로 많이 사용되고 있다.

프랑스에서는 그 모양새가 뾰족하고 길이가 긴 관계로 "CLOU" 즉 "못", "정"이라는 뜻을 지니고 있다.

수확기의 클로브는 꽃봉오리가 연분홍색을 띠게 되는데 이때 대나무 장대를 이용하여 따낸 다음 햇볕이나 불을 이용하여 건조시킨다. 완성된 클로브는 짙은 밤색을 띠게 된다.

준비재료 (3 인분)

프로슈토햄(Procuitto ham)/60 g
머스크멜론(Musk melon)/1/4 개
세이지(Sage)/3 줄기
얇게 썬 후렌치빵(Thin sliced french bread)/9 쪽
올리브오일(Olive oil)/1 테이블스푼
다진 후레쉬 민트(Fresh mint)/1 티스푼

만드는 방법

오븐을 약 180℃ 정도로 미리 열을 가해 놓은 다음 후렌치빵을 베이킹팬에 깔고 올리브오일과 민트 다진 것, 소금과 후추를 골고루 뿌려준다.

오븐에서 노릇노릇한 색깔이 날 때까지 구워서 한쪽에 둔다. 멜론은 껍질과 씨를 제거하고 먹기 좋은 크기로 썰어 접시에 담는다.

프로슈토햄을 슬라이스기계로 얇게 썰어서 담는다. 세이지를 올려 향과 시각적인 효과를 높인다.

구워놓은 후렌치빵은 빵접시를 이용하기도 하고 때로는 햄과 곁들여 제공한다.

프로슈토햄은 파마햄과 함께 맛이 뛰어난 이탈리안 햄의 한 종류이다. 파마햄이 그러하듯 프로슈토햄도 이미 가공되어 있기 때문에 더 이상의 다른 재료를 첨가하지 않더라도 에피타이저의 역할을 충분히 해낸다.

맛의 구조상 조금의 멜론을 곁들임으로써 프로슈토햄의 조금 짜고 깊은 맛이 멜론의 단맛, 은근한 향과 어울려 새로운 맛을 창출해 내는데 이것은 비교적 간단하면서도 고급스러운 요리를 연출할 수 있다.

허브와 후렌치 머스터드로 절인 쇠고기안심 카파치오에 아루쿨라샐러드

(Beef Capaccio and Arugula Mixed Olive Oil Balsamico)

보우넷(Burnet)

보우넷은 독일과 중부유럽에서 자생하는데 그 종류만도 200종을 넘는다. 보우넷의 잎이 필 때 그 맛이 오이와 비슷하다 하여 오이꽃이라고도 한다.

보우넷의 어린잎은 샐러드로 사용하고 말린 보우넷의 뿌리는 약초로 사용하기도 하는데 요리에서는 수프의 양념과 야채, 생선 코스에서 친근한 맛을 낸다.

준비재료 (3인분)

쇠고기 안심(Beef tenderloin)／150 g
후렌치 머스터드(French mustard)／30 g
아루쿨라잎 또는 물냉이(Arugula or water cress)／60 g
후레쉬 파마산치즈 갈은 것(Grated fresh pamesan cheese)／10 g
후레쉬 오레가노 다진 것(Chopped Oregano)／5 g
후레쉬 다임 다진 것(Chopped thyme)／5 g
후레쉬 딜 다진 것(Chopped Dill)／5 g
후레쉬 마죠람 다진 것(Chopped majoram)／5 g
후레쉬 로즈마리잎(Rosemary)／2 줄기
올리브오일(Olive oil)／2 테이블스푼
발사믹코 비네가(Balsamico vinegar)／1 테이블스푼
소금과 후추(To taste salt & pepper)／맛을 낼 정도

만드는 방법

잘 다듬어진 쇠고기 안심의 중간부분을 선별한다. 후레쉬 허브 다진 것을 후렌치 머스터드와 잘 섞고 소금과 후추로 간을 한다음 안심 주위에 골고루 발라주고 비닐이나 랩으로 팽팽하게 말아준다.

약 10시간 정도 3～7℃의 냉장고에 보관한 후 다시 냉동고에 넣어 완전히 냉동이 되도록 한다. 사용하기 1시간 전에 냉장고에 보관하여 칼이 잘 들도록 한다.

접시에 쇠고기 안심 카파치오를 얇게 썰어 둥근 모양으로 깔아놓는다. 아루쿨라 또는 물냉이를 발사믹코 비네가와 올리브오일로 살짝 버무려 카파치오 중앙에 보기 좋게 놓는다. 쇠고기 카파치오 부분에는 굵게 갈은 검은 후추와 올리브오일을 살짝 뿌리고 로즈마리 두서너 잎을 놓는다. 샐러드 위에는 후레쉬 파마산치즈 갈은 것을 뿌리듯 하여 바로 고객에게 서브한다.

● 주의할 점 : 아루쿨라샐러드는 고객에게 제공되기 바로 전에 버무리는 것이 매우 이상적이다.

가금류를 이용한 에피타이저

(Poultry Appetizer)

가금류는 그 종류에 있어서 생선이나 야채류 등에 비교할 때 다양성에서 뒤떨어지지만 부위별 특징이 뚜렷하다. 이러한 특성과 부위별 크기가 개별성을 띠고 있어 에피타이저에 사용했을 때 좋은 시각적인 효과를 가져온다.

가금류는 야생일 경우 겨울을 준비하는 가을에 포획한 것들이 살이 깊고 지방질도 적당하다. 그러나 최근에는 가금류를 상품화하기 위하여 과학적인 방법으로 사육하여 육질면에서는 계절에 관계없이 안정된 공급이 이루어지고 있다. 뿐만아니라 요리에 필요한 부위만 전문적으로 생산하기도 하고, 1 차적인 손질을 하여 공급되므로 시간적 손실을 줄여 준다.

대표적인 재료로써는 오리(Duck), 거위(Goose), 닭(Chiken), 이들의 간(Liver), 메추리의 가슴살(Quail Breast), 꿩(Pheasant) 등이 있다.

이러한 재료에 신선한 허브나 향신료를 적절하게 가미하고 훈제, 로스트, 테린(Terrine)과 같은 조리방법을 이용하여 고객에게 제공하면 된다.

일반적으로 가금류 요리를 제공할 때에는 가니쉬로 신선하거나 조리된 과일을 함께 곁들이면 좋다. 특히 우리나라와 같이 계절이 뚜렷한 나라에서는 계절별로 생산되는 과일을 특색있게 이용하면 싫증나지 않고 다양한 에피타이저를 만들 수 있다.

꿀에 졸인 닭날개와 아스파라거스

(Chiken Wing and Asparagus with Honey Glazing)

보라지(Borage)

보라지의 기원은 지중해연안 지역으로 알려져 있으나 현재에는 유럽, 미국 등 여러 나라의 정원 또는 가정에서 흔히 자라고 있다. 이 식물은 푸른 꽃과 털이 보송보송한 잎과 줄기를 갖고 있다.

보라지의 어린잎은 샐러드, 꽃은 식초의 색을 내거나 디저트의 데코레이션으로도 사용된다. 말린 보라지 잎은 야채요리에 흔히 사용한다.

준비재료 (3 인분)

닭날개(Chiken wing)／3 쪽
아스파라거스(Asparagus)／6 줄기
실파(Spring onions)／9 줄기
민트(Fresh mint)／3 줄기
곱게 다진 살롯(Chopped shallot)／1/2 테이블스푼
꿀(Honey)／2 테이블스푼
토마토케첩(Tomato ketchup)／2 테이블스푼
곱게 다진 생강(Fine chopped ginger)／1 티스푼
적포도주(Red wine)／1 테이블스푼
밀가루(Flour)／50 g
튀김용 기름(salad oil)／300 m*l*

만드는 방법

닭날개는 깨끗하게 씻은 후 끝부분에 칼집을 내어 살 부분을 밑으로 밀어낸 다음 큰 뼈는 떼어 내고 작은 뼈는 예쁘게 다듬어 소금과 후추로 간을 한다.

팬에 기름을 넣고 185℃ 정도 열을 올린 다음 준비해 둔 닭날개에 밀가루를 고르게 묻히고 기름에서 짙은 노란색이 날 때까지 튀겨준다. 프라이팬에 기름을 두르고 연기가 날 정도로 열을 가한 다음 아스파라거스와 실파를 살짝 구워낸다.

소스팬에 살롯과 생강을 넣고 주스가 완전히 나올 때까지 볶는다. 여기에 적포도주를 넣고 한번 끓인 다음 다시 토마토케첩과 꿀을 넣고 끈끈해질 때까지 졸인다.

어느 정도의 농도가 되면 소금과 후추로 간을 한다음 튀겨 둔 닭날개를 넣고 소스의 맛이 스며들도록 다시 한번 졸인다.

접시에 아스파라거스와 실파로 장식하고 그 위에 졸인 닭날개를 소스와 함께 얹는다. 한줄기 신선한 민트로 포인트를 준다.

필로페스트리에 싸서 구운 오리간과 비트뿌리피클

(Roasted Duck Liver in Phyllo Pastry and Beetroot Pickle)

파슬리(Parsley)

우리나라에서 서양요리를 하는 사람 중에 파슬리를 모르는 사람은 거의 없을 정도로 많이 쓰이고 있다.

이렇게 많이 사용되는 이유는 정확히 알 수 없지만 아마도 파슬리의 번식력이 다른 허브에 비하여 월등하여 생산량이 많고, 꽃봉오리 같은 잎의 아름다움이 한국인의 정서에 쉽게 접근하였으리라 유추하여 본다.

파슬리는 말릴 경우 그 아름다운 색이 변하기 때문에 신선한 그대로 사용하는 것이 가장 좋다. 파슬리를 사용하는 방법은 모양 그대로 가니쉬로 쓰고, 잎을 뜯어서 샐러드로, 다져서 소스와 드레싱에 주스를 내어서 소스 및 색을 내기 위한 목적 등 요리하는 사람의 개성에 따라서 매우 다양하게 쓸 수 있다. 특히 파슬리는 잎과 꽃술에 독특한 휘발성 방향성분을 지니고 있으며, 비타민 A를 다량 함유하고 있고, 소화를 돕는 소화효소가 있어 건강식으로도 잠재성을 가지고 있다.

준비재료 (3 인분)

80 g 크기 오리간(Duck liver)/3 개	필로페스트리(Phyllo dough)/9 장
후레쉬 다임(Fresh thyme)/5 g	후레쉬 오레가노(Fresh oregano)/5 g
후레쉬 로즈마리(Fresh rosemary)/5 g	
차이브(Chives)/6 줄기	우유(Milk)/200 m*l*
버터(Butter)/50 g	피클링 소금(Pickling salt)/2 g
계란(Egg)/1 개	비트(Beetroot)/2 뿌리
식초(Red wine vinegar)/20 m*l*	양파(Onion)/1 개
식용유(Salad oil)/200 m*l*	후레쉬 민트(Fresh mint)/3 줄기
검은 통후추(Whole black pepper)/1 티스푼	
소금과 후추(Salt & pepper)	오렌지 제스트(Orange zest)/10 g

만드는 방법

후레쉬 오리간은 지방부분을 다듬어 내고 깨끗하게 씻는다. 깊이가 있는 그릇에 가지런히 놓고 피클링 소금과 우유, 소량의 다임, 오레가노를 첨가하여 24 시간 동안 재워 놓는다.

비트뿌리는 깨끗이 씻어 완전히 익을 때까지 물에 삶고 오븐을 약 200℃에 맞추어 20 분 동안 로스팅을 한다. 껍질을 제거하고 원하는 모양으로 슬라이스 한다. 일정한 그릇에 담고 양파 1/2 개와 식초, 통후추, 월계수잎, 후레쉬 로즈마리, 오레가노, 다임 등과 식용유로 24 시간 절여 놓는다.

오리간은 물기를 제거하고 버터에 재빨리 소테한다. 필로페스트리 중앙에 오렌지 제스트를 놓고 그 위에 오리간을 놓는다. 필로페스트리 주위에 계란을 붓으로 바르고 말듯이 감싸준 다음 양쪽을 캔디모양이 나도록 차이브로 묶어준다.

파이팬 바닥에 버터를 바르고 필로패스트리에 싼 오리간을 연결부분이 아래로 향하도록 놓고 180℃ 오븐에서 황금색이 날 때까지 구워준다. 절여진 비트 피클을 가는 막대형으로 썰고 절일 때 생성된 기름과 주스를 함께 버무린 후 소금과 후추로 간을 한다. 접시에 준비된 비트 피클을 담고, 구운 오리간의 절반을 잘라 어슷하게 놓은 다음 잘생긴 다임이나 민트 한줄기로 모양을 내면 훌륭한 요리가 완성된다.

붉은 콩과 민트향을 곁들인 치킨 갈란틴 크랜베리소스

(Chiken Galantine Stuffed Indian Beansand Pepper Mint Cranberry Sauce)

민트(Mint)

민트는 우리나라 농가의 뜰에서도 흔히 볼 수 있는 허브의 한 종류이다. 시골에서는 약재로 많이 쓰이고 있지만 우리나라 전통요리에 민트를 사용하는 것은 필자 개인적으로 볼 때 아직 접한 적이 없다.

그러나 서양요리에 있어서는 매우 광범위하게 사용되고 있는 것이 바로 민트이기도 하다. 민트는 종류에 있어서도 매운맛을 내는 페퍼민트, 향을 내는 애플민트, 캣민트, 스페어민트 등 다양하게 있고, 모양새도 조금씩 다르다.

민트의 사용은 껌을 생각하면 조금은 이해가 빠를 것이다. 그밖에 알코올음료, 캔디, 페스트리 뿐만아니라 육류, 야채, 수프, 소스, 생선 등에 널리 이용되고 있다.

준비재료 (3 인분)

닭다리(Chiken leg)／2 개 페퍼민트(Pepper mint)／5 줄기
인디안 빈스(Red indian beans)／20 g
시금치 잎(Spinach leaf)／6 장 백포도주(White wine)／2 테이블스푼
얇게 썬 표고버섯(Black mushroom)／1 컵 정도
크랜베리 젤리(Cranberry jelly)／200 ml
소금과 후추(To taste salt and pepper)／맛을 낼 정도
후레쉬 오렌지주스(Fresh orange juice)／100 ml
잉글리쉬 머스터드(English mustard)／1 티스푼
오렌지 제스트(Orange zest)／1 개
사과 네모썰기한 것(Diced apple)／1/4 개
붉은 복숭아 네모썰기한 것(Diced red peach)／1/2 개
체리(Fresh black cherry)／3 개 마요네즈(Mayonaise)／2 테이블스푼
후레쉬 레몬주스(Fresh lemon juice)／1/4 EA

만드는 방법

닭다리는 뼈를 제거하고 칼집을 내어 조직을 부드럽게 한다. 민트의 어린 부분 3 줄기는 가니쉬를 위하여 남겨두고, 나머지 부분의 잎을 떼어내어 굵게 다진다. 준비된 닭다리에 소금과 후추, 민트 다진 것을 골고루 뿌리서 절인다.

붉은 인디안 빈스는 양파와 샐러리, 소금을 넣고 완전히 익을 때까지 삶는다. 시금치는 블란치하여 마른 수건에 깔아둔다. 표고버섯은 얇게 슬라이스 하여 끓는물에 데쳐서 물기를 제거한다.

치킨롤을 할 수 있을만큼 적당한 크기의 비닐을 잘라 깔고 그 위에 준비된 닭다리를 놓는다. 시금치를 깔고 표고와 인디안 빈스를 중앙에 놓고 김밥을 말듯이 팽팽하게 말아준다.

쿠킹호일로 다시 단단하게 고정을 시킨 후 끓는물에서 15 분 동안 삶은 다음 냉수에 식혀 그림과 같은 모양으로 슬라이스 한다.

크랜베리 젤리는 소스팬에 녹이고 오렌지주스와 머스터드, 식초를 넣고 살짝 끓여준다. 끓을 때 오렌지 제스트를 넣고 식힌다.

접시에 소스를 충분히 깔고 그림과 같이 슬라이스한 갈란틴을 놓는다. 민트와 자두 또는 계절과일을 조금 곁들여 가니쉬한다.

영치킨 완자에 블루치즈소스

(Young Chiken Quenelles with Blue Cheese Sauce)

로메인 레터스
(Romaine lettuce)

부드럽고 납작하며 뾰족한 줄기를 지니고 있는 이 레터스는 붉은색과 푸른색이 있는데 붉은색을 지닌 레드 로메인 레터스(Red romaine lettuce)는 푸른색의 로메인 레터스보다 색상도 아름답고 맛도 섬세하다. 로메인 레터스에 레몬식초소스를 곁들이면 강한 맛과 색의 조화가 이루어져 환상적인 샐러드를 연출한다.

준비재료 (3 인분)

치킨 가슴살(Chiken beast)／500 g
계란흰자(Egg white)／2 개
생크림(Fresh cream)／650 g
후레쉬 처빌(Fresh chervil)／6 줄기 정도
붉은 복숭아(Red peach)／113 g
체리 토마토(Cherry tomatoes)／60 g
채 썬 트러플(Sliced truffle)／0. 1 g
블루치즈 으깬 것(Grated blue cheese)／85 g
양파 다진 것(Onion chopped)／50 g
버터(Butter)／60 g
드라이 백포도주(Dry white wine)／50 m*l*
소금과 후추(To taste salt & pepper)／맛을 낼 정도

만드는 방법

먼저 닭가슴살의 기름기를 제거하고 조그마한 조각으로 썰어서 계란흰자위와 함께 섞어 프로세서나 믹서기에 돌려서 부드러운 무스로 만든다. 이 무스를 가는 체에 내려서 볼에 담아 얼음에 담근다.

나무주걱으로 크림을 조금씩 넣으면서 휘핑하고 소금과 후추로 간을 한다. 깊이가 있는 냄비에 소금을 가미한 물을 끓이면서 티스푼으로 완자를 메추리알 크기만큼으로 만들어 넣는다.

5~6 분 정도 계속 삶아 속까지 익었을 때 꺼내어 부드러운 타월로 물기를 제거한다. 소스펜에 버터를 두르고 양파 다진 것을 색깔이 나지 않을 정도까지 소테한다.

화이트와인을 두르고 약 절반 정도 졸인 후 생크림을 넣고 끈끈해질 때까지 끓인다. 여기에 으깬 블루치즈를 넣고 나무주걱으로 부드러워질 때까지 골고루 저어주고 가는 체에 내린다.

그림과 같이 치킨 완자를 접시에 담고 그 위에 소스가 완전히 덮일 때까지 충분히 뿌려준 후 처빌, 트러플, 토마토를 보기 좋게 올리며 마지막으로 채썬 붉은 복숭아를 중앙에 올려준다.

적포도 샴페인젤리와 거위간

(Goose Liver and Champagne Gelly)

물냉이(Water cress)

유럽이 원산지이고 그 생김새는 우리나라의 들과 밭에서 자생하는 냉이의 잎과 흡사하다. 개울이나 습기가 많은 곳에 집단으로 자생하기 때문에 영어로는 물잔디(water cress)라 한다. 매운 무와 같이 톡 쏘는 맛이 있으며 엔다이브, 레터스 등과 같이 샐러드를 만드는데 있어 매우 훌륭한 재료이다.

물냉이를 사용할 때는 억센 줄기부분을 떼어내고 끝부분만을 사용하며 매운탕이나 국에 사용할 때에는 고객에게 제공되기 바로 전에 넣어 향기로움과 색이 변하지 않도록 한다.

준비재료 (3 인분)

거위간(캔)(Goose liver instant)／150 g
젤라틴(Gelatine powder)／30 g
더블 콘소메(Double consomme)／100 ml
적포도주(Red wine)／2 테이블스푼
샴페인 비네가(Champagne vinegar)／1 테이블스푼
후렌치 치커리(French chicory)／3 줄기
후레쉬 다임(Fresh thyme)／3 줄기
후레쉬 로즈마리(Fresh rosemary)／3 줄기
라스베리(Raspberry)／10 개
트러플 버섯(Truffle mushroom)／10 g
멕시칸 콘칩(Mexican corn chip)／2 쪽
말린 토마토 데판나드(Sun dry tomato teppanade)／50 g(만드는 방법 참조)
소금과 후추(Sale & pepper)

만드는 방법

콘소메에 젤라틴을 넣어 완전히 풀어진 다음 중탕하여 콘소메 속의 젤라틴 입자를 완전히 용해시킨다. 적포도주와 샴페인 비네가, 소금을 첨가한 다음 냉장고에서 식힌다.

멕시칸 콘칩은 6 등분하여 바삭바삭할 정도로 기름에 튀겨낸다.

완전히 식은 젤리는 다이아몬드 모양으로 썰어서 접시에 뿌려준다. 그 위에 거위간을 적당한 크기로 썰어서 배열한다. 데판나드와 멕시칸 콘칩은 샌드위치 모양으로 얹어 거위간 옆에 살짝 올려둔다.

트러플 버섯은 트러플슬라이서(트러플버섯만 전문으로 써는 기계)에 매우 얇게 썰어서 트러플오일에 살짝 버무린다.

버무린 트러플버섯과 물냉이를 얹어 마무리한다.

데판나드(Teppanade)

선 드라이 토마토／1 kg
소금과 후추
선 드라이 토마토를 절여두었던 오일／300 ml
파슬리 다진 것／100 g

⇨ 선 드라이 토마토를 프로세서(Processor)에 넣고 부드러워 질 때까지 다진다. 오일과 파슬리 다진 것을 넣고 한번 더 강하게 다져준 후 그릇에 옮겨 담아 소금과 후추로 간을 한다.

훈제오리와 포도컴포트

(Smoked Duck Breast with Grapecomport and Ginger Chips)

준비재료 (3 인분)

훈제된 오리가슴살(Smoked duck breast)/2 쪽
포도 컴포트(Grape comport)/6 테이블스푼 (아래 참조)
셀러리 작은 네모썰기한 것(Brunoised celery)/1 줄기
중간크기의 당근 작은 네모썰기한 것(Brunoised carrot)/1 뿌리
오이 작은 네모썰기한 것(Brunoised cucumber)/1 개
배 작은 네모썰기한 것(Brunoised pear)/1/2 개
후레쉬 다임(Fresh thyme)/3 줄기
차이브(Fresh chives)/6 줄기
굵게 갈은 후추(Grated black pepper)/1 티스푼
생강 다진 것(Ginger chip)/2 티스푼
트러플오일(Truffle oil)/1/4 티스푼
올리브오일(Olive oil)/2 테이블스푼
식초(White vinegar)/1 테이블스푼
소금과 후추(Salt & pepper)
당근색오일(Carrot oil)/1 테이블스푼 (p. 152 참조)

만드는 방법

훈제오리가슴살은 1 인분에 5 쪽 기준으로 얇게 썰어둔다. 소스팬에 올리브오일을 두르고 작게 네모썰기한 당근을 넣고 완전히 익을 때까지 소테하여 준다. 식초를 첨가하고, 준비해둔 오이, 배, 셀러리를 넣고 살짝 데칠 정도만 열을 가한 후 소금과 후추, 트러플오일(매우 향이 강하므로 조금만 넣을 것)로 간을 한 후 식힌다.

접시중앙에서 조금 벗어나게 포도 컴포트를 놓고, 오리가슴살을 그림과 같이 예쁘게 놓는다. 다시 주위로 식혀둔 소스를 깔아준다.

차이브와 후레쉬 다임은 부케를 만들어 컴포트위로 걸치도록 놓는다. 당근색오일을 뿌려준 다음 생강칩으로 마무리한다.

포도 컴포트(Grape comport)

씨 없는 포도(송이에서 떨어진 포도를 모아서 사용하면 경제적)(Grape)/2 송이
황설탕(Brawn sugar)/3 테이블스푼
계피줄기(Whole cinnamon)/5 g 정도
적포도주(Red wine)/30 *ml* 정도
레몬(lemon)/1/4 개
후레쉬 다임(Fresh thyme)/1 줄기
월계수(Bay leaf)/1 잎
⇨ 위의 모든 재료를 자루냄비에 넣고 약한 불로 주스에서 끈기가 날 정도까지 졸여준다.

차이브(Chives)

차이브는 한국, 미국, 러시아, 일본, 유럽 등 전세계적으로 요리에 이용되고 있는 파 계통의 식물로서, 줄기가 매우 가늘고 끝이 뾰족하며 그 맛은 매우 순하다.

차이브의 잎을 길이에 맞게 잘라서 요리의 가니쉬로 사용하면 요리의 시각적인 면에서 매우 클래식해 보이고, 깔끔한 효과를 연출할 수 있다. 샐러드에서 약간의 매운맛을 내기도 하고, 수프나 크림타입의 치즈, 오믈렛에도 이용하면 아주 좋다.

어패류를 이용한 에피타이저
(Fishs, Shellfishs, Crustaceas Appetizer)

에피타이저의 재료로 가장 흔하게 사용되는 것이 바로 어패류라 할 수 있다.

어패류는 현대인의 식생활 패턴의 변화로 그 수요가 급증하고 있으며 앞으로도 얼마동안은 이러한 추세가 계속될 것으로 본다. 어패류는 종류도 다양하고 맛이 단백하며, 요리의 개성을 살리기에는 아주 적합하다.

생선을 에피타이저로 사용하기 위한 조리방법은 수백가지라 할 수 있지만 우리가 흔히 볼 수 있는 훈제(Smoked), 양파와 백포도주를 곁들인 찜(Poached), 날것에 양념을 가하여 사용하는 탈탈(Tartar), 저온에서 구운 것(Low temperature roasted) 등의 조리법을 사용하면 비교적 간편하면서도 훌륭한 요리를 만들 수 있다. 또한 이러한 조리법에 소스변화를 주면 더욱 다양한 요리를 개발할 수 있다.

다른 요리에서도 마찬가지겠지만 어패류를 에피타이저의 재료로 사용할 때에는 가능한 싱싱한 상태로 조리하는 것이 가장 바람직하지만 여건상 냉동, 냉장의 방법을 적절하게 이용하면 선도를 유지시키면서 비교적 안정된 메뉴를 고객에게 제공할 수 있다.

어패류는 육류에 비하여 변질되기 쉬우므로 당일 구매하는 것이 좋다. 하지만 어쩔 수 없이 냉동된 어패류를 사용할 때에는 해동시 열을 가하여 급하게 하지 말고 일단 해동된 재료는 다시 냉동시키는 일이 없어야 한다.

어패류의 부패는 해수어보다는 담수어가, 흰살생선보다는 갈색생선이 부패의 속도가 빨리 진행된다. 특히 지방이 많은 생선은 냉동된 상태에서도 지속적인 효소의 작용으로 자기소화가 이루어지므로 냉동시킨 생선이라 할지라도 안심해서는 안된다.

또한 어패류를 취급할 때 작업시작 전에 일의 순서를 정하여 그 순서대로 진행시킴으로써 불필요하게 만지작거림으로 인하여 생선의 선도를 떨어뜨리는 일이 없어야 하고, 가능한한 생선의 모양을 보기 좋게 살릴 필요가 있다.

그밖에도 어패류는 어느 정도 부패가 진행되었을 때에도 냄새를 동반하지 않으므로 의심이 가는 재료는 가급적 사용을 피하는 것이 좋다.

버터에 구운 가자미와 데리야끼소스

(Grilled Sole in Butterand Deriyaki Sauce)

마죠람(Marjoram)

마죠람은 감미로운 향과 그 잎의 매듭이 곱게 난 것이 상품으로 간주된다. 마죠람의 원산지는 지중해 지역이지만 영국, 독일, 프랑스, 체코슬로바키아 등 유럽에 널리 분포되어 있다.

자그마한 크기에 오레가노와 비슷한 모양을 하고 있으나 그보다는 조금더 세련된 잎과 연한 장미빛 꽃을 지니고 있다.

마죠람은 신선한 상태로 사용하기도 하지만 말려서 사용할 때에는 일반적으로 꽃이 핀 직후 수확하여 말린다. 우리나라의 허브생산 농장에서도 후레쉬 마죠람을 생산하고 있지만 말린 것의 경우 "마죠람잎", "그라운드 마죠람(Ground Marjoram)" 등으로 수입되어 우리 주위에서 사용되고 있다. 마죠람은 감자수프, 거위요리, 오리간, 달팽이소스, 토끼요리, 햄을 만들 때 등 매우 다양하게 쓰이고 있다.

준비재료 (3 인분)

가자미 필렛(Sole fillet)／2 쪽
밀가루(Flour)／50 g
후레쉬 레몬주스(Fresh lemon juice)／1 개
그린빈스(Green beans)／100 g
구운 마늘(Roasted garlic)／100 g
느타리버섯 작은 것(Oyster mushroom)／100 g
양송이버섯 작은 것(Butom mushroom)／100 g
표고버섯(Black mushroom)／3 개
데리야끼소스(Deriyaki sauce)／50 m*l* (p. 158 참조)
버터(Butter)／150 g
소금과 후추(Salt and pepper)

만드는 방법

가자미 필렛은 1 인분에 2 쪽씩 30 g 정도 크기로 썰어 소금과 후추, 레몬주스를 뿌려놓는다.

그린빈스는 절반을 갈라 보기 좋게 썰어서 살짝 삶아둔다. 양송이버섯과 표고버섯은 적당한 두께로 썰어서 소금과 후추를 뿌리고, 버터를 발라 구워놓는다.

프라이팬에 버터를 두르고 준비된 가자미에 밀가루를 골고루 묻혀 노란색이 날 때까지 구워준다. 접시에 구운 가자미를 놓고 사이에 마늘, 버섯을 넣어 샌드위치 모양으로 만든다. 주위로 남은 마늘과 버섯을 돌려놓는다.

다른 프라이팬에 버터를 두르고 그린빈스를 살짝 소테한 후 소금과 후추로 간을 하고 가자미 위에 올린다.

데리야끼소스를 주위의 야채들이 덮일 정도로 충분히 뿌려준다. 뜨거운 상태에서 고객에게 제공되는 것이 이상적이다.

표고버섯에 싸서 구운 새우와 사프란 크림소스

(Grill Shrimp with Thin Sliced Black Mushroom, Saffron Cream Sauce)

준비재료 (3 인분)

80 g 크기의 새우(Shrimp)／3 마리
표고버섯(Black mushroom)／3 개
사워크림(Sour cream)／50 ml
레몬주스(Fresh lemon juice)／1/2 티스푼
와플감자(Deep fried waffle potato)／9 쪽
마늘 다진 것(Chopped garlic)／1 티스푼
샬롯 다진 것(Chopped shallot)／1 테이블스푼
생크림(Freah cream)／30 ml
베이질 잘게 썬 것(Thin sliced basil leaf)／3 잎
버터(Butter)／20 g
차이브(Chives)／3 줄기
사프란(Saffron for color)／색을 낼 정도

만드는 방법

새우는 껍질을 벗겨 내장을 제거하여 깨끗하게 씻어놓는다. 표고버섯은 새우를 감쌀 수 있을 정도의 크기로 골라 줄기를 떼어내고 얇게 썰어둔다. 새우에 소금과 후추를 뿌리고, 썰어둔 표고버섯으로 머리쪽부터 붕대를 감듯이 감아준다.

버터를 바른 파이팬에 새우를 놓고, 버터를 발라준다.

소스팬에 샬롯과 마늘 다진 것을 넣고 생크림과 사프란을 넣는다. 절반 정도 졸여지면 고운 채에 내린다.

적당한 볼에 사워크림을 담고, 마늘 다진 것, 소금, 후추, 소량의 레몬주스를 넣고 저어준다.

200℃의 오븐에 새우를 넣고 3~4 분 정도 구워준다.

접시에 와플감자와 사워크림을 샌드위치 모양으로 만들어 놓는다. 옆에 구운 새우를 담고, 준비된 소스를 뿌린 후 베이질과 차이브를 이용하여 각각 가니쉬한다.

머스터드(Mustard)

머스터드는 온화한 기후와 열대 기후 어디서든 자생하는 생명력 덕분에 세계적으로 광범위하게 퍼져 있다. 야채로 사용되는 머스터드 잎은 날 것으로 먹기도 하고 열을 가하기도 한다. 하지만 다양하게 사용되는 것은 머스터드씨이다.

머스터드씨는 밝은 밤색으로 갈아서 사용하며 양념으로 흔히 쓰인다. 중국과 영국의 머스터드는 매우 입자가 곱다. 이러한 양념을 가미한 머스터드를 만들 때는 터메릭(Tumeric), 식초, 포도당, 소금 등을 넣어 순한 맛을 만들어낸다. 디존(Dijon) 머스터드의 경우 허브와 백포도주를 섞어서 톡 쏘는 맛이 나지만 끝맛은 부드러운 것이 특징이다.

그밖에도 호스래디쉬를 섞거나 지방특색을 살린 독일식, 오스트리안식, 자마이칸식 등이 있다. 머스터드는 소스, 샐러드, 피클 등에 사용하고, 육류와 곁들여 먹기도 한다.

무 피클에 싼 작은 새우와 생강드레싱

(Babyshrimp in Turnip Pickle with Ginger Dressing)

후추(Pepper)

후추가 우리의 식생활과 친숙해진 것은 몇 십년 전에 불과하나 후추만큼 많이 쓰이고 널리 알려져 있는 향신료도 없을 것이다.

중세기 후추의 가격은 금값과 비교될 만큼 비싸서 일반인들에게는 신비의 약초로 알려져 있었다. 후추가 이렇게 비싼 이유는 그 맛에 있는 것이 아니라 당시의 교역 상황이 어려워 희귀성 때문으로 풀이된다.

검은 후추는 동남아시아 주로 말라바르해협, 보르네오, 자바, 수마트라가 원산지이고, 피페를 니그룸(The Piper Nigrum)이라는 넝쿨에서 완전히 익기 전의 열매를 수확하여 햇볕에 말린 것이다. 완전히 익었을 때는 붉은 색으로 변하는데 이것으로 핑크 페퍼콘(Pink Pepper Corn)을 만든다.

일반적으로 검은 후추가 더 맵고 톡 쏘는 맛이 강하다. 흰 후추는 말라바(Malabar) 해협에서 생산되는 것을 최상의 품질로 인정하며, 가루를 내거나 통째 요리에 넣기도 한다.

준비재료 (3 인분)

작은 새우 깐 것(Peeled babyshrimp)／240 g
팽이버섯(Enoki mushroom)／150 g
무를 매우 얇게 원형으로 슬라이스한 것(Verry thin sliced round turnip)／15 장
식초(White vinegar)／30 m*l*
백포도주(Dry white wine)／50 m*l*
소금과 후추(To taste salt and pepper)／ 맛을 낼 정도
블란치한 차이브(Chives)／15 개
처빌(Chervil)／3 줄기

[소스를 위한 준비재료]

생강 껍질을 제거하고 갈은 것(Fresh, peeled and grated ginger)／20 g
마늘 다진 것(Chopped garlic)／15 g
꿀(Honey)／2 테이블스푼
후레쉬 레몬주스(Fresh lemon juice)／1
올리브오일(Olive oil)／100 m*l*
소금과 후추(Salt and pepper)

만드는 방법

깊이가 있는 자루남비에 식초와 백포도주, 소금을 넣고 끓인다. 얇게 슬라이스된 무를 포치하여 피클을 만든 후 물기를 제거한다.

다른 자루남비에 올리브오일을 두르고 새우와 팽이버섯을 넣고 소금과 후추로 간을 하여 살짝 소테하여 식힌 다음 포치해 둔 무피클을 펴고 중앙에 새우와 팽이버섯을 한입에 먹기 좋을 만큼 놓고 말아준다.

양쪽 끝을 오므리고 블란치한 차이브로 묶어준다. 소스를 위한 재료를 모두 적당한 볼에 담고 내용물이 잘 섞일 때까지 저어준다.

접시에 소스를 충분하게 담고 준비된 새우와 팽이버섯 묶음을 5 개씩 보기 좋게 놓고 후레쉬 처빌잎을 올려 생기를 북돋아준다.

때로는 매운맛을 내는 샐러드를 조금 섞어 내면 한층더 분위기를 살릴 수 있다.

오스트리안 바닷가재와 커리앤더 피망소스

(Chilled Austrian Lobster on Coriander Chilly Sauce)

커리앤더(Coriander)

파슬리과에 속하는 식물로 동양과 프랑스남부 및 멕시코에서 자란다. 커리앤더는 "고수"라 불리기도 하고, 중국 파슬리라고도 한다. 광동식 요리를 즐기다 보면 커리앤더향을 자주 접하게 되는데 처음에는 낯설겠지만 몇 번만 접하면 친숙해질 수 있는 향이다. 커리앤더의 열매는 작은 후추만하고 마치 모래알처럼 밖으로 튀어나와 있다.

커리앤더는 향이 강하므로 사용시 양을 적절히 조절해야 하고, 후레쉬로 사용할 경우 잎의 조직이 매우 연하여 너무 많은 물리적 방법을 가하면 맛이 변하는 경우가 있으므로 가능한한 단순한 요리방법을 택하는 것이 좋다.

준비재료 (3 인분)

중간크기 오스트리안 바닷가재 꼬리(Austrian Lobster tail)／3 마리
붉은 피망(Red pimento) (믹서기에 갈아둔다)／1 개
푸른 피망(Thin sliced green pimento) (매우 가늘게 썰어둔다)／1/2 개
후레쉬 커리앤더(Fresh coriander)／2 줄기
후레쉬 크림(Fresh cream)／100 ml
생선스톡(Fish stock)／200 ml
마늘(Clove garlic)／1 쪽
살롯(Shallot)／1 개
소금과 후추(To taste salt and pepper)／맛을 낼 정도
대나무 꼬치(Bamboo stick)／3 개

만드는 방법

오스트리안 바닷가재는 내장부분을 제거한 다음 대나무 꼬치를 끼워서 똑바로 만든다. 소금이 첨가된 물에 약 5 분 동안 삶아서 얼음에서 식힌다. 꽃모양의 껍질만을 남기고 나머지는 벗겨낸다.

깊이가 있는 소스팬에 버터를 두르고 살롯과 마늘을 노란색이 날 때까지 소테한다. 믹서기에 갈아둔 붉은 피망과 생선스톡, 백포도주를 첨가하고 절반 정도로 줄을 때까지 졸인다.

고운 체에 내용물을 걸러내고 후레쉬크림을 첨가하여 소금과 후추로 간을 한다. 접시에 꽃잎 모양으로 바닷가재 꼬리부분을 놓는다.

바닷가재를 메달리온(medalion) 형식으로 썰어서 가지런히 놓고 소스를 뿌린다.

가늘게 슬라이스한 푸른 피망과 커리앤더잎을 올리브오일과 소금, 후추로 버무려서 놓은 다음 굵은 후추를 뿌려 마무리한다.

베이질과 마늘향을 가미한 저온에 구운 연어

(Low Temperature Roasted Salmon with Basil and Garlic)

파프리카(Paprika)

파프리카는 스페인, 헝가리, 남부프랑스, 이탈리아, 유고가 원산지로 우리나라의 고추와 비슷하지만 맛은 많은 차이가 난다. 스페인산 파프리카는 단맛을 지니고 있으며, 비교적 순한 맛을 내는 반면 헝가리산 파프리카는 매운맛을 내며 검붉은 색이 특징이다.

우리나라의 고추가 결코 매운맛만을 대표하지 않듯이 파프리카 역시 중후하면서도 그들 나름대로의 미세하고 깊은 맛을 지니고 있다. 파프리카는 샐러드나 피클을 만들어 먹을 수도 있고, 색을 내기 위한 목적으로도 사용하며, 생선요리, 스튜, 카나페 등 다른 응용요리로도 많이 이용된다.

준비재료 (3 인분)

연어필렛(Salmon fillet)／180 g
쪽마늘(Garlic clove)／5 개
베이질(Basil)／2 줄기
양파 중간 것(Onion)／1/2
붉은 피망(Pimento red)／1/2
푸른 피망(Pimento green)／1/2
가늘게 썬 대파(Fine sliced green onion)／10 g
기름에 튀긴 베이질잎(Deep fried basil leaf)／3 쪽
검은 통후추(Black pepper whole)／10 개
옥수수기름(Corn oil)／300 m*l*
후레쉬 레몬(Lemon whole)／1 개
와인 비네가(White wine vinegar)／1 테이블스푼
드라이 화이트와인(Dry white wine)／2 테이블스푼
소금과 후추(To taste salt & pepper)／맛을 낼 정도

만드는 방법

연어는 등쪽의 검은 부분을 완전히 제거하고 1 인분에 60 g 정도로 어슷어슷하게 썰어 놓는다. 깊이가 있는 사각 브레이징팬에 준비된 연어를 가지런히 놓고 소금과 후추로 간을 한다.

깨끗한 거즈로 덮어준 다음 베이질과 통후추를 뿌려 위에 얹고, 레몬을 절반으로 잘라서 주스를 뿌린 다음 껍질은 다시 절반씩 잘라서 넣는다. 백포도주와 옥수수기름을 연어가 잠길 정도로 붓고 쿠킹호일로 커버한 다음 24 시간 절여둔다. 다음날 준비된 재료를 브레이징팬 째로 65℃ 오븐에 넣어 1～1 시간 30 분 정도 로스팅을 한다(오븐의 가열 정도에 따라서 로스팅이 충분히 되지 않을 때에는 시간을 조절한다).

연어를 로스팅할 때 생성된 주스와 오일을 휘핑볼에 담아둔다. 양파, 피망, 베이질잎을 작은 네모썰기하여 넣고, 식초와 레몬주스, 소금, 후추로 간을 한다.

그림과 같이 접시에 보기 좋게 담고, 그 위에 로스트한 연어 한쪽을 올린다. 중앙에 튀긴 베이질잎과 채썬 대파로 가니쉬하여 제공한다.

향료에 절인 노르웨이산 연어와 올리브오일에 버무린 휀넬샐러드

(Herb Marinade and Fennel Salad with Extra Virgin Olive-oil)

로즈마리(Rosemary)

은녹색의 로즈마리잎을 요리가 완성된 후 접시의 한쪽 옆에 살짝 놓으면 마치 용을 그린 후 붓으로 눈을 완성시키는 느낌이 든다. 여기에 후드커버를 씌운 다음 고객 앞에서 커버를 벗겨내면 그 향에 취한 고객은 요리를 먹기 전에 이미 요리에 대한 평가를 내릴 것이다.

로즈마리는 보라색 꽃을 피우며 지중해 연안에서 자생하는 잡목의 일종으로 그 잎을 그대로 또는 말려서, 말린 것을 갈아서 사용한다. 말린 것은 대부분 육류요리에 있어 향을 내기 위한 목적으로 쓰이며, 특히 양고기와 돼지고기를 굽거나 졸이는데 많이 쓰인다.

준비재료 (3 인분)

후레쉬 연어(Fresh Norseland salmon)/200 g
후레쉬 딜 다진 것(Chopped Fresh dill)/10 g
후레쉬 처빌 다진 것(Chopped Fresh chervil)/10 g
후레쉬 차이브 다진 것(Chopped Fresh chives)/10 g
당근(Carrot)/150 g
셀러리(Celery)/50 g
양파(Onion)/50 g
대파(Green onion)/50 g
라디치오(Radicchio)/3 잎
그린 비타민(Green vitamin)/3 줄기
휀넬(Fennel)/1 뿌리
고운 소금(Rock salt)/135 g
검은 통후추(Black pepper whole)/10 g
올리브오일(Extra virgin olive oil)/2 테이블스푼
소금과 후추(To taste salt & pepper)/맛을 낼 정도

만드는 방법

먼저 신선한 노르웨이산 연어필렛을 떠서 작은 뼈를 제거한 다음 잘 다듬어 놓는다. 당근과 셀러리, 양파, 대파는 믹서기에 굵은 모양이 날 정도로 갈아준다. 여기에 다져놓은 허브와 통후추, 고운 소금을 넣고 잘 믹스하여 준비된 연어의 안쪽 부분에 양념이 골고루 가도록 묻힌다. 깨끗한 거즈로 한번 감싸준 다음 냉장고에 보관하여 48 시간 절여둔다.

48 시간이 지난 후 주위의 내용물을 완전히 제거하고 다시 세 가지 후레쉬 허브와 통후추를 굵게 다져서 연어의 표면에 골고루 뿌려준다.

휀넬은 밑부분을 잘라내고 양파를 벗기듯이 하여 결반대방향으로 아주 얇게 슬라이스 한다.

적당한 볼에 슬라이스한 휀넬을 넣고 올리브오일과 소금, 후추로 살짝 버무리고 레몬주스를 조금 첨가하여 다시 한번 가볍게 버무려 준다. 접시에 라디치오와 그린 비타민 잎을 보기 좋게 놓은 다음 그 위에 버무린 휀넬을 올리고, 체리토마토와 차이브로 모양을 낸다.

● 경우에 따라서 보드카나 허브를 곁들인 머스터드소스를 같이 제공하면 더욱 좋다.

신선한 참치 탈탈과 벨루가 캐비아 팀발

(Fresh Tuna Tar Tar and Beluga Caviar)

롤로로사(Lollo Rossa)

잔잔하게 물결치는 듯 하며 낮은 잎을 지닌 이 레터스는 이태리가 원산지이고, 그 맛은 소스에 달려있다 할 정도로 다양하게 낼 수 있다.

처음에는 엷은 그린색을 띠다가 날씨가 더워지면 끝이 붉은색으로 변하는 롤로로사는 성장속도가 매우 빠르고 그 만큼 부드럽다. 맛이 순하여 다른 여러가지 레터스와 같이 섞어 사용하면 더욱 돋보인다.

준비재료 (3 인분)

후레쉬 참치(Fresh tuna) / 150 g
그린올리브(Green olives) / 3 개
케이퍼(Capers) / 10 g
살롯 다진 것(Chopped shallot) / 5 g
벨루가 캐비아(Belugar caviar) / 3 티스푼
엑스트라 버진 올리브오일(Extra virgin olive oil) / 1 테이블스푼
후레쉬 레몬주스(Fresh lemon juice) / 1 티스푼
비트오일(Beetroot oil) / 3 테이블스푼 (p. 152 참조)
가늘게 썬 대파(Fine sliced green onion) / 50 g
속잎상추(Lettuce inner side leaf) / 3 잎
튀김용 오일(Salad oil)
소금과 후추(Salt and pepper)

만드는 방법

후레쉬 참치는 아주 작은 네모썰기하고 살롯과 케이퍼, 그린올리브는 참치크기보다 절반 정도의 크기로 썰어 넣는다.

후레쉬 레몬주스와 올리브오일, 소금, 후추를 넣고 잘 섞어 준다.

얇게 썬 대파는 200℃ 정도의 기름에서 바삭바삭할 정도로 튀겨 마른 타월로 기름을 빼준다.

접시 중앙에 둥근 모양의 틀을 놓고 준비된 참치 탈탈을 50 g 정도 넣고 살짝 눌러 윗부분이 평평하도록 한 다음 다시 윗부분에 1 티스푼 정도의 벨루가 캐비아를 놓고 골고루 다져준다.

비트오일을 팀발 주위로 뿌려주고 팀발의 상단에 미리 튀겨둔 대파를 얹는다. 팀발주위로 상추 속잎을 작게 뜯어 몇 개 놓아 시각적 효과를 높여준다.

한국식 초장소스를 가미한 해산물

(Chilled Seafood and Korean Vinaigrette)

딜(Dill)

유럽의 가정에 보면 창가나 정원의 한구석에 적어도 한두가지의 허브를 기르고 있는 것을 발견할 수 있는데 그 중에서도 딜(Dill)은 어디서나 쉽게 볼 수 있는 허브 중의 하나이다.

딜의 원산지는 역시 유럽으로 기후만 적당하면 어디서든지 잘 자라는 생명력을 지니고 있다. 딜은 우리나라에서도 다른 허브와 비교하여 상대적으로 잘 자라기 때문에 근래에 와서는 후레쉬딜을 널리 사용하며 그 맛도 대중화되어 가는 추세라 할 수 있다.

딜의 맛은 카라웨이(Caraway)와 비슷하나 경험한 사람이면 대부분 구별이 가능하다. 딜은 후레쉬딜(Fresh Dill), 말린 것은 딜위드(Dill Weed), 딜씨드(Dill Seed) 등으로 구분한다. 딜의 사용은 연어찜(Poached Salmon), 절임 연어, 피클, 샐러드, 사워클락, 수프, 소스 등 주로 가벼운 향을 원하는 요리에 적당하다.

준비재료 (3 인분)

꼴뚜기(Small calamari)／9 마리
그린홍합(Green mussle)／6 쪽
중간 크기의 새우(Mideum size prawn)／6 마리
후레쉬 관자(Fresh scallop with shell)／3 마리
고추장(Korean red pepper beans paste)／2 테이블스푼
참기름(Sesame oil)／1 티스푼
식초(White vinegar)／1 테이블스푼
실파 곱게 다진 것(Fine chopped Spring onion)／1 티스푼
올리브오일(Oilve oil)／2 테이블스푼
처빌과 딜(Fresh chervil and dill)／1 줄기
그린 비타민(Green vitamin)／15 잎
오이(Cucumber)／1/2 개
붉은 래디쉬(Red radish)／2 개

만드는 방법

자루남비에 물과 셀러리, 당근, 양파, 소금, 통후추, 월계수잎을 넣어 끓인다.

꼴뚜기는 껍질을 벗기고, 먹물과 내장을 제거한 후 살짝 데친다. 홍합은 흡착이를 떼어내고 새우와 함께 삶아서 식힌다. 새우는 길이로 절반을 자른다. 관자 역시 껍질을 제거하고 내장을 다듬어서 살짝 데쳐낸다.

오이와 붉은 래디쉬는 얇게 채썰어 분리하여 물에 담아둔다. 꼴뚜기와 새우, 홍합, 관자를 볼에 담고 올리브오일과 처빌, 딜, 후추, 약간의 소금을 넣고 절여 놓는다.

적당한 볼에 고추장과 식초, 참기름, 곱게 다진 실파를 넣어 한국식 초장소스를 만든다.

접시에 절여둔 해산물 무침을 보기 좋게 놓고 그 옆에 채썬 오이와 붉은 래디쉬를 올려놓는다. 주위로 준비된 초장소스를 뿌려준다.

딜꽃으로 장식하여 마무리한다.

양념에 재운 참치와 식초에 버무린 양파피클

(Tuna Capaccio and Pickeled Tosai Onion)

쥬니퍼(Juniper)

쥬니퍼라고 하면 쥬니퍼라는 술을 생각나게 하는데 그 향을 떠올리면 어느 정도 그 맛을 상상할 수 있을 것이다.

쥬니퍼는 이탈리아, 체코슬로바키아, 루마니아 등에서 자라는 자그마한 상록 삼나무과의 일종으로 완두콩 만한 검푸른 열매를 따서 사용한다.

이 나무의 열매가 열리기 시작하여 두 번째 계절에 수확하게 되는데 이탈리아에서는 수작업으로 열매를 채취하는 것을 최고의 품질로 인정한다.

쥬니퍼는 육류요리의 절임, 피클, 알코올음료의 향, 사슴, 양, 가금류의 로스트와 스튜에서 많이 애용되고 있다.

준비재료 (3 인분)

후레쉬 참치(Fresh tuna block) / 150 g (벽돌모양의 덩어리)
마늘 다진 것(Chopped garlic) / 1 티스푼
아니스(Anise) / 1 티스푼
샐러드오일(Salad oil) / 200 ml
양파(Onion) / 1 개
셀러리(Celery) / 1 줄기
당근(Carrot) / 1 뿌리
처어빌(Chervil) / 1 줄기
샐러드부케(치커리, 팽이버섯, 상추, 차이브, 라디치오, 그린비타민 등) (Salad bouquet garni) / 3 다발
백설탕(White sugar) / 1 테이블스푼
식초(Vinegar) / 2 테이블스푼
참기름소스(Sesame soy sauce) / 3 테이블스푼 (아래 참조)

만드는 방법

마늘과 양파 1/2 개, 샐러리, 당근은 믹서기에 곱게 갈아서 소금과 후추, 아니스, 샐러드오일을 넣고 고르게 섞는다. 적당한 용기에 참치를 담고 그 위에 골고루 덮은 다음 24 시간 정도 절여둔다.

나머지 1/2 개의 양파는 가늘게 썰어서 식초와 설탕, 소금에 절여준다. 샐러드부케는 모든 그린 잎들이 살아있도록 냉수에 담아 싱싱하게 만든 다음 안쪽 재료부터 차근차근 말고 미리 얇게 썰어둔 오이로 감아서 밑부분을 잘라준다.

그릴에 미리 열을 올린 다음 절여둔 참치를 주위에 색이 날 정도만 그릴해 준다. 접시에 샐러드부케를 놓고 주위로 그릴해 둔 참치를 얇게 썰어 가지런히 놓는다. 한쪽 옆에 절여둔 양파 피클을 20 g 정도 물기를 짜서 놓고 그 위에 차이브 한 잎으로 포인트를 준다.

참기름소스를 샐러드부케와 참치 위로 충분히 뿌려서 서브한다.

● 위 요리는 조금은 복잡해 보이나 한두 번 정도만 실행하여 보면 금방 친숙해 질 수 있는데 참치, 절인 양파피클, 샐러드부케, 참기름소스 순서로 준비하면 무리없이 맛있는 요리를 고객에게 제공할 수 있다.

참기름소스(Sesame soy sauce)

참기름(Sesame oil) / 3 테이블스푼
간장(Soy sauce) / 1 테이블스푼
생강 다진 것(Chopped ginger) / 1 티스푼
후레쉬 레몬주스(Fresh lemon juice) / 1 테이블스푼
볶은 깨(Roasted sesame seed) / 1 티스푼
⇨ 모든 재료를 볼에 담고 잘 젓어준다.

계란과 야채를 곁들인 훈제연어말이

(Stuffed Smoked Salmon with Boild Egg and Vegetable)

버터 헤드 레터스
(Butter head lettuce)

마치 비단처럼 부드러운 감촉을 지니고, 주름지면서도 아기 손같이 오므라진 모습이 양파가 껍질 하나하나 싸여 있는 듯한 이 레터스는 우리가 흔하게 사용하고 있는 양상추와는 구별이 된다.

구운 잣과 오렌지 식초소스를 곁들이면 맛이 일품인 이 레터스 역시 붉은색과 푸른색 두 가지가 있으며, 여름에 제맛을 내고, 다른 샐러드를 접시에 담을 때 가니쉬로서도 훌륭한 역할을 한다.

준비재료 (3 인분)

얇게 썬 훈제연어(Sliced smoked salmon)／9 pc
분리해서 채에 내린 계란흰자와 노른자(Grated boiled egg)／2 ea
잘게 썬 붉은 피망(Fine sliced red pimento)／10 g
잘게 썬 푸른 피망(Fine sliced green pimento)／10 g
튀긴 베이질잎(Fried basil leaf)／6 잎
시금치(Spinach)／5 잎
무순(Mustard salad)／20 g
오이살사소스(Cucumbe salsa)／100 m*l* (아래 참조)

만드는 방법

시금치는 끓는물에 살짝 블란치하여 얼음에 식혀 마른 타월로 물기를 제거해 놓는다. 길이 40 cm 정사각형 비닐을 깔고 훈제된 연어를 세로놓기로 놓은 다음 준비된 시금치를 연어 위에 깔고 그 위에 다시 계란 흰자와 노른자, 피망을 보기좋게 놓은 다음, 롤라드(Loulade) 형식으로 말아준다. 이때 연어 속의 내용물 사이에 공간이 생기지 않도록 단단하게 말아주어야 한다.

베이질잎은 200℃ 정도의 기름에 튀겨 흡수지로 기름를 제거해 준다.

접시주위로 무순을 보기 좋게 돌려놓은 다음 중앙에 준비된 오이살사를 2 테이블스푼 정도 놓는다.

그 위에 연어말이를 한입에 먹기 좋은 크기로 썰어 놓고, 튀겨둔 베이질잎으로 가니쉬한다.

오이살사(Cucumbe salsa)

오이 작은 네모썰기한 것(Brunoise cucumber)／1 개
토마토 작은 네모썰기한 것(Brunoise tomato)／1 개
그린페퍼콘 다진 것(Chopped green pepper corn)／1 티스푼
올리브오일(Olive oil)／3 테이블스푼
발사믹코 비네가(Balsamico vinegar)／1 테이블스푼
후레쉬 민트 다진 것(Chopped fresh mint)／1 티스푼
소금과 후추(To taste salt and pepper)／약간
⇨ 기름을 제외한 모든 재료들을 적당한 볼에 담고 기름을 넣어가면서 저어준다. 취향에 따라서 케이퍼나, 양파 다진 것 등을 첨가하면 더욱 좋다.

게살을 채운 훈제연어 퍼스

(Smoked Salmon Purse with Crab-meat and Vegetable Vinaigrette)

준비재료 (3 인분)

냉동게살(Crab meat)/60 g
얇게 썬 훈제연어(Sliced smoked salmon)/6 쪽
가늘게 채썬 오이(Fine julienne cucumber)/15 g
가늘게 채썬 양파(Fine julienne onion)/15 g
가늘게 채썬 셀러리(Fine julienne celery)/15 g
마요네즈(Mayonaise)/30 g
차이브(Chives)/6 잎
굵게 갈은 검은 후추(Freshly milled black pepper)/1 teas
베지타블 비네그렛(Vegetable vinaigrette)/6 테이블스푼(p. 156 참조)
처빌잎(Chervil)/9 잎
흰 후추와 소금(To taste salt and white pepper)/맛을 낼 정도

만드는 방법

먼저 잘 다듬어진 훈제연어를 약간 비스듬하게 일자형으로 썰어둔다. 냉동 게살은 해동한 후 깨끗한 타월을 사용하여 물기를 완전히 제거하여 놓는다.

가늘게 썬 오이, 양파, 셀러리, 차이브는 끓는물에 살짝 블란치하여 색깔이 살아 있도록 하고 역시 마른 타월로 물기를 제거하며 차이브를 제외한 게살과 야채는 마요네즈와 소금, 후추로 간을 하여 버무려 놓는다.

준비된 훈제연어를 열 십자(十)모양으로 놓고 그 위에 게살과 야채 버무린 것 30 g 정도를 놓고 돈주머니모양(Purse)으로 만든 다음 블란치 해놓은 차이브로 묶어준다.

접시에 베지타블 비네그렛을 2 테이블스푼 정도 담아 둥글게 테두리를 그려주고, 중앙에 돈주머니 모양의 훈제연어를 놓는다.

주위에 삼각형 모양으로 준비된 처빌잎을 놓고 그밖에 선을 따라서 굵게 갈아둔 검은 후추를 조금씩 뿌려 모양을 낸다.

처빌(Chervil)

처빌의 사용은 현대에 와서 급증하는 추세를 보이고 있다. 그 이유는 국내에서 처빌의 생산이 수요를 감당할 만큼 성장하였고 그 맛이 순하여 동양인의 기호에 잘 어울리기 때문인 것으로 분석된다.

처빌의 원산지는 서아시아와 남부러시아로 알려지고 있지만 유럽 농가에서는 마치 우리나라의 상추나 실파처럼 앞뜰에 심어놓고 자라는 데로 채취하여 식탁에 올리고 있다.

처빌의 잎은 가냘프게 꼬부라져 있어 생선이나 수프의 가니쉬로 사용되기도 하고 샐러드에 첨가하면 그 순한 맛이 샐러드의 품위를 한층더 높여준다.

야채를 이용한 에피타이저
(Vegetable Appetizer)

야채는 얼마 전까지만 해도 육류나 생선 또는 다른 식품의 보조적인 역할을 맡아 왔었다. 그러나 현재는 스테이크의 더운 야채나, 수프의 가니쉬, 에피타이저와 샐러드에 두루 사용되고 있다.

우리가 섭취하고 있는 육류, 곡류 등은 영양학적으로 볼 때 산성이므로 이를 중화시키기 위해서는 야채를 많이 섭취해야 하며, 영양의 균형을 이루기 위해서는 몸에서 생성되지 않는 필수 비타민이나 무기질을 외부에서 공급받아야 하므로 야채의 섭취는 필수적이라 할 수 있다.

근래에 와서는 야채만을 주식으로 하는 베지테리언(Vegetarian)의 증가와 식생활의 변화로 야채도 에피타이저 메인코스(Main Course)로 개발되어 야채를 선호하는 사람들의 수요를 충족시키고 있다.

이렇게 야채가 식단에서 차지하는 비율이 높아지면서 야채를 조리하는 방법 또한 최근에 와서 꾸준하게 개발, 연구되어지고 있다.

야채를 단독 또는 복합적으로 에피타이저에 사용하기 위해서는 어떠한 야채를 어떻게 사용할 것인가를 결정하여야 하는데 일반적으로 품질, 크기, 모양, 조리방법, 영양, 야채의 색상 등을 고려하여 선별하여야 한다.

[고려해야 할 점]

1. 야채의 크기가 개별적으로 고르게 생산이 되었는가?
2. 접시에 담았을 때 고객으로 하여금 시각적인 만족감을 느끼게 할 수 있는가?
3. 메뉴를 유지시킬 만큼 충분하게 생산, 공급이 가능한가?
4. 계절에 따른 품질의 변화가 어떻게 일어나는가?
5. 어떠한 조리방법을 선택할 것인가?
6. 조리를 하였을 때 영양소의 손실은 없는가?
7. 야채에 어울리는 소스는 어떤 것을 선택할 것인가?

야채사용에 있어 신선한 상태로 사용하는 것이 바람직하나, 조리를 해야 할 경우 지나친 손질이나 열을 가하는 것은 야채의 영양, 맛, 색상, 형태 등에 손실을 초래하므로 가급적 단순한 작업과 순간적인 조리방법을 사용하는 것이 좋다.

생선살을 채운 양송이 튀김과 사프란향을 첨가한 베이질소스

(Fried Mushrooms Stuffed with Seafood on Saffron-Basil Sauce)

준비재료 (3 인분)

중간 크기의 양송이(Botom mushroom)/9 개
참새우 다진 것(Chopped prawn)/6 마리
엠멘탈러치즈 갈은 것(Grated Emmental cheese)/1/2 컵 정도
시금치 잎을 데쳐서 굵게 다진 것(Poached spinach)/90 g 정도
계란(Fresh egg)/2 개　　밀가루(Flour)/50 g 정도
빵가루(Bread crub)/100 g
식용유(Salad oil for fry)/양송이를 튀길 수 있을 정도

[소스를 위한 준비재료]

양파 다진 것(Chopped onion)/100 g
버터(Butter)/30 g　　생크림(Fresh cream)/300 m*l*
후레쉬 베이질 다진 것(Chopped fresh basil)/20 g
드라이 백포도주(Dry white wine)/50 m*l*
사프란 말린 것(Saffron)/밝은 색이 날 정도

만드는 방법

양송이는 밑부분을 제거하고 씻어서 물기를 닦아놓는다. 참새우 다진 것과 엠멘탈러치즈가루, 시금치는 볼에 담아서 골고루 섞어준다.

양송이에 속을 채워 넣고 접시에 담아 냉장고에 약 20 분 정도 둔다. 3 가지 그릇에 계란, 밀가루, 빵가루를 종류별로 담아놓는다. 기름남비에 기름을 넣고 온도를 180℃까지 올려놓는다.

속을 채운 양송이에 밀가루, 계란, 빵가루를 차례로 입힌 다음 준비된 기름에 짙은 노란색이 날 때까지 튀겨준다.

소스를 하기 위해 깊이가 있는 소스 팬에 버터를 두루고, 낮은 온도에서 양파가 부드러워질 때까지 소테한다. 다음 베이질과 드라이 백포도주를 첨가하고, 절반 정도 줄을 때까지 끓여준다. 크림과 사프란을 첨가하고 다시 절반 정도 졸여준다. 고운 채에 거른 다음 소금과 후추로 간을 한다. 접시에 소스를 충분히 두르고 양송이 튀김을 보기 좋게 놓는다. 채썰어 튀긴 베이질잎이나 가지튀김으로 가니쉬한 다음 소스 주위로 차이브를 잘게 썰어 뿌려준다.

사프란(Saffron)

사프란은 붓꽃의 일종으로 아시아가 원산지이나 스페인, 프랑스, 이탈리아, 남아프리카에서도 자라고 있다.

사프란은 초가을에 가장 먼저 피어나는 꽃 중에 붉은 부분만을 골라 생산되는데, 그 맛은 씁쓸하고 약간의 단맛을 지니고 있다. 하지만 사프론을 사용하는 주요 목적은 색을 내기 위함일 것이다.

밝고 투명한 노란색의 사프란이 첨가된 요리는 시각적인 면에서 벌써 하나의 요리로 충족시켜 준다.

사프란의 사용은 소스, 수프, 생선, 쌀, 감자, 페스트리에 아름다운 색상을 선사한다. 한가지 흠이 있다면 희소성과 공정상의 문제로 가격면에서 매우 비싼 향신료 중에 하나이다.

참새우와 아보카도칵테일에 삶은 복숭아와 커리 딜 소스

(Prawn and Avocado Cocktail with Curried Dill Sauce)

커리(Curry)

커리는 인디아가 주산지이나 현대에 와서는 인도네시아를 비롯하여 우리나라 등 동남아 전역에서 재배, 이용되고 있으며, 전 세계적으로 커리의 맛이 대중화되는 추세이다. 커리는 본래의 커리만을 사용하기 보다는 터메릭(Turmeric), 커리앤더(Coriander), 생강, 카라웨이(Caraway) 등 여러 스파이스를 섞어 만들어내기 때문에 그 종류도 매우 다양하다.

커리의 맛은 생강과 고추의 함량에 따라 순한맛(Mild), 중간맛(Medium), 매운맛(Fire) 등으로 나눌 수 있는데, 남인디아지방에서 생산되는 커리가 맵기로 유명하다. 커리가 노란색을 띠는 것은 터메릭의 함량에 따라서 차이가 나는데 터메릭의 양이 적으면 적을수록 노란색이 약해진다.

커리가 사용되는 요리는 수백가지에 달하며, 우리에게도 익숙한 커리라이스, 커리치킨, 소스, 야채딮 등이 있다.

준비재료 (3 인분)

참새우(Prawn)／9 마리
그린치커리(Green chicory)／3 줄기
라디치오(Radicchio)／3 잎
삶은 복숭아(Poached peach)／2 쪽
완숙된 아보카도(Avocado)／1 개
붉은 피망 다진 것(Chopped red pimento)／1/2 개
푸른 피망 다진 것(Chopped green pimento)／1/2 개
굵게 다진 후레쉬 딜(Chopped fresh dill)／1 테이블스푼
커리파우더(Curry powder)／2 티스푼
식초(White vinegar)／300 ml
얇게 썬 대파(Thin sliced green onion)／10 g
소금과 후추(To taste salt and pepper)

만드는 방법

새우는 삶아서 껍질을 까고 절반으로 잘라 놓는다. 아보카도는 씨를 제거하고 껍질을 까서 적당한 두께로 썰어둔다. 삶은 복숭아 중 한 개를 작은 네모썰기하여 둔다.

적당한 볼에 위의 재료를 담고 식초와 딜, 커리파우더를 넣고 버무린다. 접시에 그린치커리와 라디치오를 그림과 같이 놓고 남은 한 쪽의 삶은 복숭아에 칼집을 내어 보기좋게 담는다.

작게 네모썰기한 복숭아를 접시 주위로 조금씩 뿌려준 다음 중앙에 가늘게 썬 대파를 올려 마무리한다.

베이질을 곁들인 오븐에 말린 토마토와 관자

(Oven Dried Tomato and Poached Scallop Basil Tian)

베이질(Basil)

민트과에 속하는 일년생 식물로 원산지는 동아시아와 유럽이지만 우리나라에서도 재배가 가능하여 현재 많이 사용하고 있다.

특히 토마토요리에서 흔히 이용되는데 이태리요리에서는 빼놓을 수 없는 향신초로써, 샐러드의 드레싱, 생선요리, 수프에서 미식가의 입맛을 자극한다.

준비재료 (3 인분)

오븐 드라이 토마토(Oven dried tomato) / 9 쪽
포치한 관자 또는 훈제한 것(Poached scallop or smoked scallop) / 6 개
매우 잘게 썬 베이질잎(Chiffonaded basil leaf) / 10 g
휘핑크림(Whipping cream) / 2 테이블스푼
벨루가 케비아(Beluga caviar) / 1 테이블스푼
3 종류의 야채색오일(3 kinds color oil) (p. 152 참조)
굵게 갈은 검은 통후추(Grated fresh pepper) / 1 테이블스푼

만드는 방법

관자가 두꺼운 경우 절반을 자르거나 3 등분하여 둔다.

가장 아래 관자를 깔고 잘게 썬 베이질을 조금 뿌려주고 그 위에 오븐 드라이 토마토를 올린다. 다시 같은 방법으로 한층을 더 올리고, 마지막으로 관자를 올린 후 중앙에 베이질을 조금 놓는다.

접시에 삼색오일을 보기 좋은 정도로 뿌린다. 그 위에 준비해 둔 관자와 토마토를 놓는다.

휘핑한 크림에 소금과 후추, 후레쉬 레몬주스를 조금 첨가하고 파이핑 팩으로 1 티스푼 정도의 양을 관자 위에 짜놓는다.

스푼으로 벨루가 캐비아를 1/2 티스푼 정도씩 짜놓은 휘핑크림위에 장식한다.

굵게 갈은 검은 통후추는 접시 주위로 보일듯 말듯하게 뿌려준다.

- 벨루가 캐비아가 없는 경우 한 단계 낮은 등급인 오세트라(Osetra)나 세브루가(Sevruga)를 사용할 수 있다.

Cheese Appetizer

Havarti Fetta Camembert

Goat's Edam

Parmesam

치즈로 만드는 에피타이저

치즈는 우유에 린렛이라는 효소를 첨가하고 화학적 작용을 가해서 얻어낸 흰 덩어리를 발효숙성시킨 우유가공품 중의 일종이다.

치즈는 인체에 필수적인 단백질과 칼슘, 미네랄이 농축 함유된 완전식품이라 해도 과언이 아니다. 치즈의 기원에 대하여 굳이 이야기하지 않더라도 치즈는 아라비아 유목민족으로부터 그리스, 로마를 거쳐 유럽지역에 전해졌고, 오늘날은 전세계적으로 800 여종의 치즈가 많은 사람들의 애호를 받고 있다.

사람들은 수세기 동안 축적된 경험과 기술에 의해서 포유동물의 젖을 요리에 이용해 왔다. 그 중에서도 가장 많이 이용되고 있는 것이 소, 산양, 양 등이라고 할 수 있다. 하지만 같은 종류의 동물이라 할지라도 생산되는 젖(乳)의 질, 시기, 장소, 농도 등에 따라 치즈의 질 차이는 천차만별이다.

따라서 치즈가 많이 생산되고 그것으로 명성을 떨친 나라나 지역들을 면밀히 검토해 보면 그 지역의 기후나 풍토가 치즈를 생산하기에 적합하다는 것을 곧 알 수 있다.

근래에는 교통의 발달로 보존기간이 짧은 연질치즈(soft cheese)를 세계 어디서나 쉽게 접할 수 있다. 그 중에서도 카만베트(camembert) 치즈는 수를 헤아리기 힘들만큼 많은 곳에서 생산되고 있는데 최근에는 우리나라에서도 전문음식점에서라면 쉽게 연질치즈를 접할 수 있다.

이렇게 대중화된 치즈는 에피타이저에서 뿐만아니라 샐러드, 메인코스(Main Course), 디저트(Dessert) 등 어떤 요리에 사용하든 조화가 잘 이루어진다.

치즈를 에피타이저에 이용할 때에는 종류에 따라서 차이는 있겠지만 30~50 g 정도의 양을 사용하면 적절하고, 과일(Fruits), 넛(Nut), 신선한 야채 등을 곁들이면 맛도 담백하고 영양적인 면에서도 균형을 유지할 수 있다.

구운 피망을 곁들인 페타치즈

(Peta Cheese and Roasted Bell Pepper, Artichoke Heart)

미츠바(Mizba)

일본이 원산지인 미츠바는 원산지가 말해주듯 일식요리에서 많이 접하게 된다. 연녹색에 탐스러운 잎을 지니고 있는 이것은 줄기가 마치 미나리깡처럼 부드럽고 마디가 있다. 향은 미나리보다는 약간 순한 맛을 내며 가끔씩 쌈밥집에서 만나면 대단히 반가운 쌈재료가 된다.

줄기를 묶어서 조개국에 넣으면 시원한 맛을 더하고 샐러드에는 부드러운 잎을 따서 여러가지 그린 잎과 섞어 사용하면 시각적으로도 훌륭하다.

준비재료 (3 인분)

페타치즈(Peta cheese) / 3 포션
구운 붉은 피망(Roasted red bell pepper) / 1 개
구운 푸른 피망(Roasted green bell pepper) / 1 개
삶은 아티초크 봉오리(Boilled artichoke heart) / 2 개
구운 잣(Roasted pine nut) / 1 테이블스푼
올리브오일(Olive oil) / 50 m*l*
후레쉬 민트(Fresh mint) / 3 줄기
레몬 제스트(Lemon zest) / 1 개
후레쉬 레몬주스(Fresh lemon juice) / 1 개
후레쉬 파마산치즈 갈은 것(Grated fresh parmesan cheese) / 1 테이블스푼
굵게 갈은 검은 통후추(Grated whole black pepper) / 1 티스푼

만드는 방법

구운 피망은 굵게 썰어 올리브오일과 소금, 후추로 버무려 놓는다. 아티초크는 질긴 잎부분은 떼어내고 부드러운 부분만을 선택하여 절반으로 잘라놓는다.

적당한 볼에 올리브오일, 레몬주스, 구운 잣, 굵게 갈은 후추를 넣고 휘퍼로 젓어준다.

접시 중앙에 페타치즈 한 덩어리를 놓고 주위로 아티초크, 준비된 피망을 보기좋게 놓는다. 만들어 둔 소스를 아티초크, 페타치즈, 피망위로 뿌려준다.

갈은 파마산치즈와 레몬제스트, 후추를 뿌려 마무리한다.

접시 테두리 밖으로 살짝 벗어나도록 후레쉬 민트를 올려 서브하면, 고객에게 제공되는 순간 향긋한 민트향이 입맛을 돋운다.

엠멘탈러치즈와 발사믹코소스에 물냉이

(Fancy Emmental Cheese and Water Cress with Balsamico Vinaigrette)

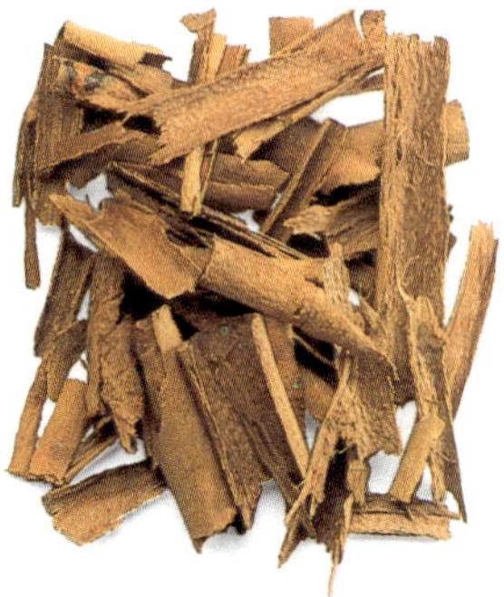

계피(Cinammon)

계피는 동서양을 막론하고 두루 사용되며 이미 세계적으로 대중화되어 있는 향료 중의 하나이다. 계피의 주요 생산지는 스리랑카와 미국, 중국 등이고 생산되는 장소가 다른 만큼 그 명칭이나 품질에 있어서도 조금씩 차이가 있지만 계피나무의 껍질을 사용하는 것은 다를 바가 없다.

계피의 품질은 그 두께가 얇고 향기가 좋은 것이 상품이다. 대부분의 계피는 미국의 카시아(Cssia) 계피가 많이 이용되고 있지만 근래에 와서 사이공에서 생산되는 계피가 품질과 향면에서 뛰어나 각광을 받고 있다.

가루계피는 페스트리, 빵, 푸딩, 캔디 등에, 통계피는 파일조림, 피클, 수프 등에, 계피오일은 향의 목적과 의학적인 목적으로 사용되기도 한다.

준비재료 (3 인분)

삼각형으로 슬라이스한 엠멘탈러치즈(Sliced Emmental) / 12 쪽
깨끗하게 씻은 물냉이(Water cress) / 150 g
붉은 자두(Red prune) / 1 개
푸른 사과(Green apple) / 1/2 개
구운 호두(Roasted walnut) / 30 g
올리브오일(Olive oil) / 1 테이블스푼
사이더 비네가(Cider vinegar) / 2 티스푼
소금과 후추(Salt and pepper)
발사믹코소스(Balsamico Vinaigrette) (아래 참조)

만드는 방법

엠멘탈러치즈는 0. 1 cm 두께로 슬라이스하여 같은 크기의 삼각형으로 1 인분에 4 쪽 정도로 준비하여 둔다. 깨끗하게 씻은 물냉이의 물기를 제거하고 적당한 볼에 담아 올리브오일과 소금, 후추로 살짝 버무려 준다. 접시 중앙에 제일먼저 슬라이스한 치즈 한 쪽을 놓고 그 위에 물냉이를 가지런히 놓은 다음 다시 치즈를 놓고 샌드위치 형식으로 4 칸을 쌓는다.

푸른 사과와 자두는 네모썰기하고 호두는 굵게 으깨서 올리브오일 1 티스푼과 사이더 비네가로 버무려 치즈옆에 놓는다.

발사믹코소스(Balsamico vinaigrette)

발사믹코 비네가(Basamico vinegar) / 60 ml
껍질과 씨를 제거한 사과(Apple) / 1/2 쪽
양파(Onion) / 50 g
올리브 오일(Olive oil) / 150 ml
후레쉬베이질(Fresh basil) / 3 잎
소금과 약간 굵게 갈은 검은 후추(To taste salt and grated pepper) / 맛을 낼 정도
⇨ 사과와 양파는 믹서기로 곱게 갈아둔다. 베이질은 조직이 너무 파괴되지 않을 정도로 다져둔다. 위의 두 재료를 볼에 담고 발사믹 비네가와 올리브오일을 천천히 첨가하며 휘퍼로 젓어준다. 소금과 굵게 갈아둔 후추로 간을 한다. 고객에게 서브할 때 바로 발사믹 소스를 접시 주위로 충분히 뿌려준다.

훈제양고기 안심에 산양치즈와 토마토 살사소스

(Smoked Lamp-loin and Goat Cheese with Tomato Salsa)

타라곤(Tarragon)

타라곤은 다년생 허브로서 유럽이 원산지이며, 러시아나 몽골리아에서는 화초로 많이 키우고 있다. 길면서 얇은 잎은 올리브그린색을 지니며 자그마한 단추같은 꽃봉오리를 피운다.

타라곤을 말릴 경우 향이 줄어들기 때문에 신선한 상태로 사용하는 것이 최선의 방법이나 보관을 하기 위하여 말리기도 하고 식초나 오일에 절여두었다가 그 식초와 오일을 사용하기도 한다.

신선한 잎을 따서 샐러드나 피클, 수프에 넣으면 은근한 향을 낸다.

준비재료 (3 인분)

훈제양안심(Smoked lamb tenderloin)／120 g
산양치즈 6 슬라이스(Goat cheese)／90 g
양상추 속잎(Lettuce)／3 잎
그린치코리(Green chicory)／3 줄기
물냉이 (Water cress)／30 g

[소스를 위한 준비재료]

토마토 작은 네모썰기(Brunoise tomato)／100 g
오이 푸른부분 네모썰기(Brunoise cucumber)／40 g
삶은 계란 흰자위 다진 것(Chopped boiled egg white)／1 개
그린 페퍼콘 다진 것(Chopped green pepper corn)／10 g
붉은 식초(Red wine vinegar)／3 테이블스푼
옥수수기름(Corn oil)／100 *ml*
소금과 후추(To taste salt and pepper)／맛을 낼 정도

만드는 방법

훈제양안심은 부드럽게 먹을 수 있을 정도로 얇게 슬라이스 하는데 일반적으로 3 쪽, 5 쪽 등을 사용한다.

양상추와 그린치코리, 물냉이는 싱싱하게 살아나도록 씻어서 냉수에 담아 놓는다.

산양치즈도 테두리에 흰 곰팡이가 보이도록 예쁜 모양으로 썰어 놓는다. 소스는 준비된 재료를 모두 볼에 담고 오일과 식초를 넣고 휘핑기로 부드럽게 젓어준다.

위의 모든 재료들을 접시에 보기 좋게 배열하고 주위로 소스를 뿌려준다.

제 3 부

샐 러 드

샐러드는 요리가 발전함에 따라 그 기능과 역할도 다양하게 변화해 왔다. 샐러드가 정찬에서는 일정한 순서에 의해서 제공되는 한 종류의 요리에 불과하지만 경우에 따라서는 한가지 요리를 대표하는 주요리의 역할도 한다. 샐러드의 비중은 메뉴의 성격에 따라서 조금씩 차이는 있겠지만 그 역할이 증대하고 있는 것만은 부인할 수 없다.

샐러드의 어원은 라틴어인 "허바 살라테(Herba Salate)"로 소금을 뿌린 향신초의 의미를 지니고 있으며, 이것은 고대 인류가 야채에 소금을 뿌려서 먹으면서 유래된 것으로 보인다.

샐러드의 발전은 현대에 와서 두드러지게 나타나는데, 식생활의 변화로 육류의 소비가 감소되는 추세를 보이고 있는 반면 야채의 소비가 증가하면서 근래에 와서 더욱 가속화되고 있다. 그러나 샐러드는 야채만을 사용하는 것이 아니라 고기에 향신료와 허브 등을 넣고 버무리는 것을 비롯하여 파스타, 라이스, 생선 등등 매우 다양한 재료와 방법이 시대와 조리사의 개성에 따라서 변화하고 개발, 발전되어 왔다. 특히 주류를 이루고 있는 것이 기름과 식초를 이용한 오일비네가 드레싱을 곁들인 샐러드인데, 그 이유는 맛이 깨끗하고 만드는 과정이 비교적 단순하기 때문으로 풀이된다. 하지만 샐러드를 만드는 것을 그저 단순하게만 생각해서는 곤란하다.

샐러드의 주재료인 잎야채는 조직이 매우 부드럽고 식초에 약하기 때문에 드레싱의 농도, 재료의 선택, 시간, 비율 등을 세심하게 고려하지 않으면 원하는 샐러드를 얻기가 쉽지 않다.

PART 3

Salad

이러한 이유에서 샐러드에 관한 로마의 속담이 있는데 샐러드를 만드는 데는 다음과 같은 네 사람이 필요하다고 한다.

첫째, 식초를 아끼는 수전노
둘째, 기름을 많이 사용하는 낭비가
셋째, 훌륭한 맛을 내는 현인
넷째, 샐러드를 버무리는 광인

이 속담이 시사하는 바는 식초를 많이 사용하면 푸른 야채의 색이 변하고, 단시간 내에 시들기 때문에 가능한 지나치게 사용하는 것을 피하고 영양이 풍부한 올리브오일을 많이 사용해야 한다는 뜻을 지니고 있다. 또한 기름과 식초의 배합을 적절히 하며 소금과 후추, 다른 향료로 맛을 낼 줄 아는 사람과 샐러드를 버무릴 때는 육류를 제외하고는 고객에게 제공되기 바로 전에 버무리는 것이 가장 이상적임을 말하고 있다.

샐러드를 구분하는데 있어 단순한 재료만을 사용한 단순샐러드(Simple Salad)와 여러가지 재료를 섞어서 만든 복합샐러드(Mixed or Compound Salad)가 있는데 현대에 와서는 그 의미가 조금씩 퇴색되고 있으며 대부분의 샐러드는 필요에 따라서 색, 맛, 영양의 조화를 이루기 위하여 적절한 배합을 한다. 샐러드 재료를 손질할 때 주의해야 할 점은 가급적 칼의 사용을 자제하고 손으로 뜯어서 사용하는 것이 좋은데, 그 이유는 칼이 접한 부분에는 산화현상으로 야채의 색이 쉽게 변하고 영양소의 손실이 우려되기 때문이다.

아보카도와 참새우샐러드

(Avocado and Prawn Salad with Lemon Vinaigrette)

올리브(Olives)

올리브하면 우선적으로 지중해 연안 국가들을 떠올릴 정도로 올리브는 지중해를 대표하는 것 중에 하나이다.

우리나라가 전통적으로 사용하는 기름이 참기름(Sesame oil)이라면 이태리나 스페인 등의 여러 국가들은 올리브유를 거의 모든 요리에 사용하고 있다.

올리브의 기름은 단백하고 맛이 깊기 때문에 그대로 빵에 찍어 먹거나 샐러드에 소금과 함께 버무려서 소스 등으로 매우 다양하게 쓰인다. 특히 올리브 기름은 불포화성 지방이므로 성인병에 대한 두려움 없이 즐길 수 있다.

준비재료 (3 인분)

후레쉬 레몬주스(Fresh lemon juice)／1 EA
아보카도(Avocado)／3 EA
붉은 상추(Red lettuce)／6 잎
중간 크기의 참새우(Mideum size prawn)／15 마리
커리앤더(Coriander)／1 줄기
다진 살롯(Chopped shallot)／1 개
올리브오일(Olive oil)／100 *ml*
디죤 머스터드(Dijon mustard)／1 티스푼
소금과 굵게 갈은 검은 통후추(Salt and pepper)

만드는 방법

새우는 소금과 피클링 스파이스를 넣은 물에 삶아 얼음에 식힌다. 껍질을 깐 후 길이로 절반 잘라 내장을 제거하여 깨끗하게 다듬어 놓는다.

아보카도는 칼로 씨가 있는 부분까지 돌려가면서 칼집을 넣은 다음 양손으로 잡고 비틀어 주면 씨가 쏙 빠지게 된다.

손으로 껍질을 까서 0.5 cm 정도 두께로 썰어둔다. 볼에 아보카도와 참새우, 살롯 다진 것, 레몬주스를 넣는다. 커리앤더는 잎부분만을 떼어서 넣고 소금과 후추로 간을 한다.

올리브오일을 고르게 뿌려 준 다음 아보카도가 부스러지지 않도록 조심스럽게 버무려준다. 접시에 아보카도를 세로썰기하여 가지런히 놓고 상추 한 잎을 깔아준다.

그 위에 준비된 샐러드를 올려 서브한다.

아보카도는 고대잉카제국시에는 왕족만이 먹을 수 있는 신비의 열매로 전해지고 있을 정도로 귀한 과일이다. 그 명성에 어울릴 정도로 그 맛에는 깊이가 있고, 영양가 역시 비타민의 보고라 할만큼 풍부하다.

우리나라에서는 전량을 수입에 의존하고 있어 가격면에서 조금은 비싼 편이지만 맛이나 영양으로 따져 본다면 상대적으로 비싸게 느껴지지 않을 것이다. 아보카도 요리를 음미할 때는 여러 번 씹은 후 혀의 안쪽으로 조용히 삼키면 고소하고 매끄러운 맛을 오랫동안 기억할 수 있다.

로스한 오리가슴살과 대파 샐러드

(Roasted Duck Breast and Leek Salad)

레몬밤(Lemon Balm)

지중해 연안 남부유럽이 원산지인 레몬밤은 그 향이 달고 진해 많은 벌들이 몰려든다 하여 비밤(Bee balm)이라는 애칭도 가지고 있다. 다년생 초본으로 40~60 cm까지 자라며 잎과 줄기에 솜털이 나 있다.

대부분의 향신료가 그렇듯이 레몬밤 역시 약초로써 많이 쓰였다고 한다. 기원전 1세기에 기술된 의약서에는 독거미나 전갈 같은 독충에 물렸을 때 해독제로, 치통에 양치질 약으로, 관장제로, 관절염에 그 잎을 문지르면 아픔을 없앤다고 기술하고 있다.

레몬밤은 그 향이 매우 깨끗하고 상큼하기 때문에 디저트요리에 많이 사용되지만 육류, 샐러드, 드레싱, 음료에까지 두루 사용되고 있다.

준비재료 (3 인분)

오리가슴살(Duck breast) / 2 쪽
릭(Leek) / 1 줄기
오렌지(Orange) / 2 개
구운 마늘(Roasted garlic) / 50 g (p. 172 참조)
후레쉬 민트(Fresh mint) / 2 줄기
오븐 드라이 토마토(Oven dry tomato) / 100 g
굵게 갈은 엠멘탈치즈(Grated Emmental cheese) / 30 g
소금과 후추(Salt, pepper)
후레쉬 오렌지주스(Fresh orange juice) / 3 테이블스푼
올리브오일(Olive oil) / 3 테이블스푼

만드는 방법

오리가슴살은 기름부분을 주위로 다듬어낸다. 후레쉬 민트를 다져서 오리가슴살 위에 뿌리고 소금과 후추로 간을 한다.

프라이팬에 기름을 두르고 센 불에 양면을 갈색이 나도록 소테한 후 기름부분이 위로 가도록 놓고 165℃ 정도의 오븐에 약 7분간 구워 식힌다. 완전히 식은 오리가슴살을 기름부분이 조금씩 붙은 정도로 썰어준다.

릭을 어슷어슷하게 썰은 다음 두께가 얇은 프라이팬에 기름을 두르고 연기가 날 때까지 열을 가한 다음 소테하는데, 약간은 검은 색이 날 정도로 해준다. 오렌지는 양쪽을 잘라내고 껍질을 제거한 다음 세그먼트한다(이때 발생된 주스는 모아둔다).

볼에 위의 모든 재료를 담고 올리브오일, 오렌지주스, 소금, 후추를 넣고 가볍게 버무려준다.

서브하기 전에 갈아둔 엠멘탈치즈를 접시주위로 뿌려준다.

오리는 가금류 중에서 뛰어난 육질을 지니고 있어 매우 다양하게 이용되고 있다. 샐러드에 있어서도 예외는 아니다. 부드러운 육질의 오리가슴살에 허브를 발라 굽고, 여기에 오렌지향과 대파를 그을릴 때 나는 고소한 맛을 경험하고 나면 살아있는 오리만 봐도 기억을 떠올릴 것이다.

토마토와 오이에 페타치즈를 가미한 샐러드

(Tomato and Cucumber, Peta Cheese Salad)

준비재료 (3 인분)

물냉이, 미즈나, 머스터드잎 섞은 것
(Mixed green with mizuna, watercress and mustard greens)／200 g
씨를 제거한 토마토(Vine-ripened tomatoes)／400 g
작은 오이(Small cucumber)／1½ 개
페타치즈(Peta cheese)／60 g
후레쉬 오레가노 다진 것(Chopped fresh oregano)／1 티스푼
후레쉬 민트 다진 것(Chopped fresh mint)／1 티스푼
후레쉬 레몬주스(Fresh lemon juice)／1 테이블스푼
식초(Vinegar)／2 테이블스푼
올리브오일(Olive oil)／40 ml
소금과 후추(To taste salt and pepper)

만드는 방법

물냉이와 미즈나 머스터드잎은 줄기를 떼어내고 잎부분만을 깨끗하게 씻어서 물기를 제거한 후 냉장고에 보관한다. 1/4 등분한 토마토는 씨를 제거하고 웨지형으로 썰어둔다.

오이는 껍질을 까서 둥근 원형으로 썰어둔다.

접시에 준비한 그린샐러드를 깔고 그 위에 오이와 토마토를 섞어서 보기좋게 얹는다. 볼에 페타치즈를 으깨서 놓고 올리브오일과 소금, 후추, 민트와 오레가노를 같이 넣고 단 한번만 섞어준다.

접시에 담긴 토마토와 오이샐러드 위에 페타치즈 버무린 것을 골고루 뿌려준다.

● 아삭아삭한 맛을 내는 신선한 오이와 씨를 제거한 토마토를 곁들이고, 페타치즈를 으깨 넣은 샐러드는 보기에도 군침을 돌게 한다.
샐러드를 먹었을 때 풍겨나는 민트와 오레가노향은 결코 미식가의 기대를 저버리는 일은 없을 것이다.

스테비아(Stevia)

스테비아는 파라과이가 원산지이로 그곳 원주민들에게는 "카해애"라는 단맛을 내는 풀로 불리고 있다. 그 이유는 스테비아의 잎을 뜯어 맛을 보면 금방 알 수 있듯이 설탕과 같이 단맛이 난다.

스테비아는 스페인의 식물학자 겸 의사인 "에스테브"(P. J. Esteve 1556년)의 이름을 따서 명명된 것으로 요리에 단맛을 내기 위하여 흔히 사용하는데 칼로리가 다른 당류에 비하여 월등히 낮아서 비만이나 당뇨병, 충치, 심장병 환자의 건강식에 사용하면 더욱 좋다.

그밖에도 스테비아를 차로 즐길 때에는 10장 정도의 신선한 스테비아를 넣어 끓이면 7~8잔 정도의 향긋한 스테비아를 차로 만들 수 있다.

도토리묵과 아루굴라 샐러드에 간장드레싱

(An Acorn Jelly and Arugula Salad with Korean Style Soy Sauce)

준비재료 (3 인분)

도토리묵(An acorn jelly)／1/2 모
아루굴라(Arugula)／150 g
꽃상추 속잎(Korean lettuce)／3 잎
체리 토마토(Cherry tomato)／5 개
마늘 다진 것(Chopped garlic)／1 쪽
생강 다진 것(Grated ginger)／1/2 티스푼
붉은 양파(Red onion)／1/2 개
실파(Spring onion)／2 줄기
볶은 흰깨(Roasted white sesame)／1 테이블스푼
참기름(Sesame oil)／1 테이블스푼
간장(Soy sauce)／1 테이블스푼
식초(White vinegar)／2 티스푼

만드는 방법

도토리묵은 한입에 먹기 좋은 크기로 썰어놓는다. 아루굴라는 억센 부분인 밑줄기는 떼어내고 잎만을 씻어서 물기를 제거한 후 젖은 타월에 싸서 냉장고에 보관한다.

체리 토마토는 꼭지를 떼어내고 세로로 1/4 등분한다.

붉은 양파는 세로썰기로 하여 하나하나 떼어놓는다.

작은 볼에 마늘, 생강, 참기름, 식초, 간장을 모두 넣고 휘퍼로 저어준다. 접시에 도토리묵이 그린 샐러드와 잘 어울리도록 아루굴라, 붉은 양파, 붉은 래디쉬 등을 섞어 놓는다.

참기름 간장 드레싱은 소스 폿(Pot)을 이용하여 개별 서비스를 하거나 제공되기 바로 전에 뿌려주면 된다.

볶은 참깨와 체리 토마토를 얹어 장식한다.

● 우리나라 사람이라면 도토리묵을 싫어하는 이는 거의 없을 것이다. 최근에 와서 도토리로 만든 요리가 서양사람들로부터 많은 인기를 얻고 있는 것은 도토리의 칼로리가 낮은 미용식일 뿐만아니라 싫증나지 않는 고유의 맛 때문일 것이다.

머스터드와 마늘, 식초 드레싱(Garlic and Muatard Vinaigrette)

마늘 다진 것(Chopped clove garlic)／1 쪽
붉은 식초(Red wine vinegar)／2 테이블스푼
올리브 오일(olive oil)／70 ml
후렌치 머스터드(French mustard)／1 테이블스푼
소금(Salt)／1/2 티스푼
후추(Pepper)／1/2 티스푼
⇨ 오일을 제외한 모든 재료를 볼에 담고 오일을 천천히 넣으며 내용물이 잘 섞이도록 잘 저어준다.

쿠스쿠스에 말린 살구, 생강을 곁들인 샐러드

(Cous Cous Salad with Apricots and Ginger)

준비재료 (3 인분)

말린 쿠스쿠스(Instant cous cous)／150 g
물(Water)／70 ml
후레쉬 오렌지주스(Fresh orange juice)／70 ml
올리브오일(Olive oil)／35 ml
발사믹코 비네가(Balsamico vinegar)
말린 살구(Dried apricot)／8 개
노란 건포도(Golden raisins)／1 테이블스푼
검고 작은 건포도(Dried currants)／1 테이블스푼
다진 생강(Grated ginger)／1 티스푼
붉은 양파 다진 것(Finely diced red onions)／20
구운 잣(Roasted pine nut)／2 테이블스푼 (아래 참조)

만드는 방법

스테인레스 볼에 쿠스쿠스를 담는다. 소스 펜에 올리브오일, 물, 오렌지주스, 식초 2 테이블스푼 등을 넣고 끓인다.

끓는 순간 건포도와 살구, 생강, 소금 1/4 티스푼을 넣고 이것을 재빨리 쿠스쿠스에 붓는다. 뚜껑을 덮고 약 20 분 가량 둔다.

양파는 작은 소스 팬에 물을 넣고 15 초 정도 삶은 다음 건져내어 소량의 식초를 첨가하여 다시 물기를 제거하여 준다.

쿠스쿠스가 완전히 조리되었으면 스푼으로 가볍게 긁듯이 모두 떼어 뽀송뽀송하게 섞어준다. 여기에 준비한 양파와 잣, 소금, 식초를 가미하여 접시에 보기좋게 담아낸다.

한줄기 싱싱한 베이질을 얹어 향을 발산하게 한다.

● 눈으로 보기에는 마치 좁쌀같이 생긴 쿠스쿠스는 환상적인 맛을 지니고 있다. 여기에 말린 살구나 건포도 등 과일종류를 곁들이면 더욱 좋다. 여름철에는 물냉이나 아스파라거스를 참기름이 약간 가미된 식초에 버무려서 쿠스쿠스와 같이 먹으면 잃었던 입맛도 되돌아 온다.

잣을 로스트하는 방법

(Roast pine nut)

⇨ 잣은 샐러드의 가니쉬로 사용하기에 좋은 재료 중에 하나이다. 잣을 구울 때에는 적은 양일 경우 바닥이 두꺼운 프라이팬에 은근한 열로 시작하여 짙은 황금색이 날 때까지 구워주면 된다.

많은 양을 구울 때에는 오븐을 사용하는 것이 편리할 뿐만아니라 고른 색을 낼 수 있다. 오븐에 잣을 구울 경우 팬을 골고루 깔고 170℃에서 시작하여 4～7 분 정도 구워주면 된다.

주의해야 할 점은 빠른 속도로 구워지기 때문에 투명유리가 없는 오븐일 경우 자주 확인해야 하고 눈으로 확인할 수 있다 할지라도 로스트가 끝날 때까지 자리를 뜨는 일이 없어야 한다.

of Modena
ACETO BALSAMICO DI MODENA
PRODUCT OF ITALY

바삭바삭한 파마산크러스트와 시저샐러드

(Caesar Salad with Crispy Parmesan Cheese Crust)

준비재료 (3 인분)

파마산치즈 갈은 것(Grated fresh parmesan cheese)／500 g
노란 옥수수가루(Grated yellow corn)／3 테이블스푼
포카시아빵 크루통(Foccacia bread croutons)／1 컵
로메인 레터스(Romaine lettuce)／3 포기
시저드레싱(Caesar dressing)／300 m*l* (아래 참조)
소금과 후추

시저드레싱

(Caesar dressing)

샐러드오일(Salad oil)／1000 m*l*
올리브오일(Olive oil)／1000 m*l*
계란 노란자(Fresh egg york)／3 개
앤초비 다진 것(Anchovy chopped)／3 테이블스푼
마늘 다진 것(Garlic chopped)／1 티스푼
후레쉬 레몬주스(Fresh lemon juice)／1 개
파마산치즈 갈은 것(Grated parmesan cheese)／100 g
레드와인 비네가(Red wine vinegar)／20 m*l*
소금과 후추(Salt and pepper)／각 1 티스푼
워처스터소스(Worcestershire sauce)／2 테이블스푼

⇨ 볼에 계란 노란자를 넣고 충분히 저은 다음 기름을 첨가하면서 마요네즈를 만든 다음 나머지 재료를 모두 넣고 풀어지지 않도록 조심스럽게 섞어준다.

만드는 방법

먼저 파마산치즈 크러스트 컵(Crust cup)을 만들기 위해 직경 10 cm 크기의 프라이팬에 옥수수가루를 뿌리고 그 위에 갈아둔 파마산치즈 가루를 골고루 뿌려준다.

약한 열을 천천히 가하여 파마산치즈가 녹으면서 서로 엉길 수 있도록 시간을 두고 열을 가해준다. 컵모양이 나올 정도의 밑면이 둥근 도자기 그릇을 덮어놓고 그 위에 뜨거운 치즈 크러스트를 얹어 굳힌다.

로메인 레터스는 억센 잎은 떼어내고 부드러운 속잎만을 골라 한입에 먹기 좋은 크기로 뜯어서 냉수에 담아 아삭아삭하게 만든 다음 부드러운 타월로 물기를 제거한다.

적당한 볼에 준비된 로메인 레터스를 담고 포카시아빵 크루통과 후레쉬 파마산치즈 갈은 것을 첨가하여 시저 드레싱으로 살짝 버무려준다.

접시에 완전히 굳은 파마산치즈 크러스트를 중앙에 오도록 놓고 컵 안에 먹음직스럽게 시저샐러드를 담는다.

남겨둔 크루통과 파마산치즈를 샐러드위에 올려 제공한다.

고객이 파마산치즈 크러스트를 스스로 으깨어 샐러드와 같이 먹을 수 있도록 도와주거나 알려주는 것도 중요한 서비스의 하나이다.

● 샐러드의 가장 기본적이면서도 훌륭한 맛을 지니고 있는 것이 바로 시저 샐러드라 말 할 수 있다. 로메인 레터스의 부드러운 맛에 바삭바삭한 크루통, 파마산치즈의 맛, 이 모든 것이 어울려 하나의 시저 샐러드를 만들어 낸다. 이들 재료 중에서 어느 것 하나 빠져도 제맛이 나지 않는다.

시금치와 오렌지에 닭가슴살 샐러드

(Spinach and Orange Segments, Chiken Breast Salad)

준비재료 (3 인분)

삶은 닭가슴살(Chiken breast)／2 쪽
다듬어서 깨끗하게 씻은 시금치 잎(Fresh spinach leaf)／100 g
중간 크기의 오렌지(Fresh orange)／3 개
캔블랙 올리브(Pitred black olives)／30 개 정도
꿀(Honey)／50 ml
생강 다진 것(Grated ginger)／15 g
후레쉬 라임주스(Fresh lime juice)／2 개

만드는 방법

닭가슴살은 닭뼈와 당근, 양파, 셀러리 등 사용하다 남은 야채를 볶아 넣은 물에 삶아 손으로 뜯어 놓는다.

시금치는 연한 잎만을 골라 줄기는 떼어내고 씻어 마른 타월로 물기를 제거한다.

중간크기의 오렌지는 위와 아래를 잘라내고 세로로 껍질을 벗긴 다음 섹션으로 잘라 놓는다(이때 발생하는 주스는 모았다가 버무릴 때 사용한다).

큰 볼에 꿀, 생강 다진 것, 라임주스, 오렌지를 자를 때 발생한 오렌지주스와 소금과 후추를 넣고 휘퍼로 저어 골고루 섞은 다음 위 재료를 넣고 손으로 가볍게 버무려준다.

고객에 제공되기 바로 전에 버무리는 것이 시금치가 시들지 않고 싱싱하게 보존될 수 있다.

● 닭은 가금류 중에서도 우리나라의 정서와는 오랜 세월동안 생활을 같이 해왔고, 우리 국민의 단백질보급원으로 중요한 역할을 해왔다. 요리방법에 있어서 샐러드는 조금은 생소할 수 있지만 시금치와 오렌지를 곁들이므로서 영양학적 균형을 고려할 때 매우 과학적인 요리라 하겠다.

삼색오일

1. 비트오일(Beet oil)

중간크기의 비트／3 뿌리
올리브오일／400 ml
백포도주／10 ml
소금과 후추

⇨ 비트는 껍질을 벗겨 주서기에서 주스를 짜 적당한 자루냄비에 넣고 낮은 불에서 1/5 정도까까지 졸여준 다음 식힌다. 완전히 식은 비트주스를 믹서기에서 강하게 2 분 정도 돌려준다. 올리브오일을 풀어지지 않도록 조금씩 넣고 소금과 후추로 간을 한다.

2. 당근오일(Carrot oil)

중간 크기의 당근／3 뿌리
올리브오일／400 ml
소금과 후추

⇨ 당근을 주서기에서 주스를 짜낸다. 적당한 자루냄비에 담고 1/5 정도가 되도록 졸여준 다음 식힌다. 믹서기에 담고 응어리진 당근주스가 완전히 풀어질 때까지 강하게 돌려준다. 올리브오일을 풀어지지 않도록 조금씩 넣어준다. 소금과 후추로 간을 한다.

3. 베이질오일(Basil oil)

시금치 잎／300 g
베이질잎／50 g
올리브오일／400 ml
소금과 후추

⇨ 시금치와 베이질은 믹서기에 곱게 갈아서 흡수지에 걸러내고 걸러낸 주스를 믹서기에 넣고 돌려가며 오일을 조금씩 부어준다. 소금과 후추로 간을 한다.

구운 작은 감자와 베이컨 피망을 곁들인 샐러드

(Roasted Baby Potato and Crispy Bacon, Pimento Salad)

준비재료 (3 인분)

구운 작은 감자(Roasted small potato)／500 g
바삭바삭하게 구운 베이컨(Crispy bacon)／100 g
붉은 피망 네모썰기한 것(Diced red bell pepper)／50 g
푸른 피망 네모썰기한 것(Diced green bell pepper)／50 g
슬라이스한 민트잎(Thin sliced fresh mint)／10 g
올리브오일(Olive oil)／100 m*l*
레드와인 비네가(Red wine vinegar)／3 테이블스푼
기름에 튀긴 케이퍼(Fried caper)／30 g
그린 비타민(Green vitamin)／10 g
당근 속잎(Carrot inner leaf)／3 줄기
미즈나(Mizuna)／15 잎
소금과 굵게 갈은 검은 후추(Salt and grated black pepper)

만드는 방법

감자는 깨끗하게 씻어서 물기를 말린 다음 로스트팬에 고르게 깔아준다. 붓으로 올리브오일을 골고루 발라준 다음 소금과 후추로 간을 한다. 오븐을 미리 180℃ 정도로 열을 올려놓고 감자를 황금색이 날 때까지 로스트하여 준다.

베이컨 역시 팬에 깔고 기름이 완전히 빠질 때까지 구운 다음 마른 타월로 기름을 제거하고 각면 1.5 cm 크기로 썰어준다.

두 가지 피망도 씨와 속을 빼낸 다음 베이컨과 같은 크기로 썰어준다. 케이퍼는 팬에 기름을 100 m*l* 정도 넣고 200℃까지 열이 오르면 순간적으로 튀겨낸 다음 기름을 걸러내고 마른 타월로 기름을 닦아준다.

적당한 볼에 위 재료를 담고 올리브오일과 와인비네가로 버무려준다. 그린 비타민과 당근속잎, 미즈나는 조직이 연하므로 서브되기 바로 전에 올리브오일과 소금, 후추로 살짝 버무린 다음 준비된 감자와 함께 접시에 담아낸다.

마지막으로 접시 주위에 굵은 후추를 조금 뿌려준다.

호두 로스트하는 방법

껍질을 깐 호두／2 kg
버터／50 g
흰설탕／100 g
소금／조금

⇨ 로스트한 호두는 맛있는 샐러드를 만들기 위해서는 충분한 조건이라 할 수 있다. 한가한 시간을 이용하여 준비해 두면 샐러드를 버무릴 때나 드레싱을 만들 때마다 긴요하게 쓸 수 있다.

커다란 프라이팬에 버터를 녹이고 호두를 볶기 시작한다. 처음에는 센불로 볶다가 은근한 열로 시간을 두고 골고루 젓어준다. 호두의 색이 황금색으로 변하고 뜨거울 때 설탕을 첨가한다. 설탕이 골고루 섞이고 호두가 바삭바삭 해질 때까지 볶은 후 넓은 팬에 담아 식힌다.

많은 양의 호두를 한꺼번에 구울 때는 바닥이 고른 팬에 겹치지 않도록 호두를 깔고 180℃ 오븐에서 5~7분 정도 로스팅을 한후 꺼내어 설탕을 골고루 뿌려준 다음 다시 한번 오븐에 넣어 2분 정도 더 로스팅을 하면 된다. 주의해야 할 점은 호두는 빠른 속도로 쿠킹이 되기 때문에 로스팅을 하는 동안 자리를 비우지 말아야 한다.

붉은 인디안 빈스와 토마토에 베이질을 곁들인 샐러드

(Red Indian Beans, Tomato with Basil Salad)

준비재료 (3 인분)

말린 인디안 빈스(Indian beans sorked overnight)/1 컵
(물에 담그어 하룻밤 정도 불린다)
월계수(Bayleaf)/1 잎
후레쉬 마죠람, 다임, 세이지(Each 1stem marjoram thyme, and sage)/각 1 줄기씩
네모썰기한 붉은 양파(Red onion)/1/4 개
샴페인 비네가(Champagne vinegar)/2 테이블스푼
레드와인 비네가(Red wine vinegar)/2 테이블스푼
엑스트라 버진 올리브오일(Virgin olive oil)/150 ml
레몬제스트(Lemon zest)/2 개
마늘 다진 것(Garlic chopped)/2 쪽
토마토(Tomato)/500 g
소금과 후추(Salt and pepper)
굵게 다진 베이질잎(Chopped basil)/10 g

만드는 방법

인디안 빈스는 조금 큰 소스팬에 담고 물과 함께 월계수잎 하나를 띄운다. 잎을 떼어낸 마죠람, 다임, 세이지 줄기를 넣고 부드러워 질 때까지 천천히 끓인다(익었다 할 지라도 껍질이 쭈글쭈글하다면 좀더 삶아서 껍질이 팽팽해지고, 빈스가 터질 때까지 좀더 삶아 준다).

빈스가 삶아지고 있는 동안 다른 하나의 냄비에 물을 끓이고 붉은 양파를 15 초 정도 데쳐내어 샴페인 비네가에 버무려 준다. 볼에 레드와인 비네가와 소금, 후추, 레몬제스트, 마늘을 섞고 오일을 조금씩 부어가며 휘퍼로 저어준다.

토마토는 씨와 속을 제거하고 길쭉길쭉하게 썰어준다. 잘 익은 인디안 빈스를 건져서 뜨거울 때 준비해 놓은 오일소스와 같이 버무린다(뜨거운 인디안 빈스는 양념을 속으로 빨아들여주기 때문임).

식은 다음 준비된 토마토와 양파, 허브를 넣어 다시 한 번 버무리고 약 2 시간 정도 재워둔 다음 실온에서 고객에게 제공한다.

- 빈스로 샐러드를 만들기는 간단하면서도 영양가가 풍부한 샐러드를 만들 수 있고 종류에 따라서 매우 다양하게 변화시킬 수 있으며, 빈스 샐러드는 주요리의 역할도 충분히 할 수 있다는 점에서 가정식으로 사랑을 받는다.

베지타블 비네그렛
(Vegetable Vinaigrette)

올리브오일(Olive oil)/500 ml
사이더 비네가(Cider vinegar)/100 ml
배 작은 네모썰기한 것 (Brunoised pear)/1/2 쪽
당근 작은 네모썰기한 것 (Brunoised carrot)/50 g
셀러리 작은 네모썰기한 것 (Brunoised celery)/50 g
그린 페퍼콘 다진 것(Chopped green pepper corn)/1 테이블스푼
트러플 오일(Truffle oil)/1/3 티스푼
소금과 굵게 갈은 검은 후추

⇨ 소스폿에 올리브오일과 사이더 비네가를 넣고 사이더 비네가가 끓어 오를 때까지 열을 가해준다. 작은 네모썰기한 당근과 셀러리를 넣고 완전히 익어 손으로 눌러 깨질 정도가 되면 썰어둔 배를 넣고 식힌다. 완전히 식은 후 다진 페페콘과 후추, 소금으로 간을 한다.

체리 토마토와 검은 올리브 샐러드

(Cherry Tomato and Black Olive Salad)

준비재료 (3 인분)

붉은 체리 토마토(Red cherry tomato)／1 kg
씨를 제거한 검은 올리브(Pitted black olives)／300 g
후레쉬 다임 다진 것(Chopped fresh thyme)／5 g
후레쉬 오레가노 다진 것(Chopped fresh oregano)／5 g
후레쉬 처빌잎 부분만 떼어낸 것(Fresh chervil leaves)／5 g
엔다이브(Endive)／3 포기
차이브(Chives)／6 줄기
올리브오일(Olive oil)／50 m*l*
사이더 비네가(Cider vinegar)／3 테이블스푼
소금과 후추(Salt and pepper)

만드는 방법

체리 토마토는 깨끗이 씻어 놓고 얼음물을 준비한다.

깊이가 있는 냄비에 물을 올리고 물이 끓기 시작하면 체리 토마토를 넣고 20 초 정도 지난 다음 건져내어 바로 얼음물에 담는다.

엔다이브는 밑동을 잘라내고 꽃봉오리 같은 잎을 하나하나 조심스럽게 떼어내 깨끗하게 씻어 놓는다. 체리 토마토의 껍질과 꼬투리를 제거한다.

적당한 볼에 준비된 체리 토마토와 올리브, 다진 허브를 넣어 골고루 섞어준 다음 올리브오일, 소금, 후추를 넣고 양손으로 가볍게 버무려준다.

깊이가 있는 샐러드 접시에 준비해둔 엔다이브를 보기좋게 돌려 깔고, 그 위에 토마토 샐러드를 놓은 다음 차이브를 잘게 썰어 뿌려준다.

● 언제부터인가 시장이나 과일 상점마다 붉고 예쁘게 생긴 체리 토마토를 진열하여 팔고 있는 것을 흔히 볼 수 있다. 체리 토마토는 그 모양새 때문에 보기에도 맛이 있어 보인다.

우리나라의 영농기술이 어느 수준까지 와있음을 짐작케 한다. 어찌되었든 요리, 특히 샐러드에 있어서는 체리 토마토의 역할이 매우 다양하다.

데리야끼 소스
(Deriyaki Sauce)

물／15 *l*
왜간장／3 *l*
흑설탕／900 g
꿀／200 m*l*
닭발／3 kg
생강／50 g
통마늘／50 g
파인애플／200 g
대파／2 줄기
중간 크기의 양파／3 개
당근／300 g
검은 통후추／1 테이블스푼
정종／2 *l*
작은 잎의 다시마／1 줄기

⇨ 닭발은 깨끗이 씻어 놓는다. 후레쉬 파인애플은 껍질을 제거하고 큼직큼직하게 썰어 놓는다. 마른 다시마는 물에 씻어 불려 놓는다. 모든 재료를 커다란 소스폿에 담고 1 시간 정도 끓인 다음 다시마를 건져내고 다시 3～4 시간 정도 약한 불에 끓여준다.

소스가 맑고 반짝반짝 윤이나면 걸러서 사용한다. 닭발대신 아롱사태를 사용해도 된다.

오븐에 구운 비트와 양념에 버무린 양파샐러드

(Roasted Beet and Marinade Onion Salad)

준비재료 (3 인분)

오븐구이한 비트(Roasted beet)／3 개 (아래 참조)
양파(Ring sliced onion)／1/2 개
올리브오일(Olive oil)／50 m*l*
사이더비네가(Cider vinegar)／2 테이블스푼
소금과 후추(Salt and pepper)
후레쉬 로즈마리(Fresh rosemary)／1 줄기

만드는 방법

오븐에 구워 미리 오일과 허브에 절여둔 비트는 먹기 좋은 크기로 썰어준다.

양파는 0.2 cm 두께로 둥근 모양으로 썰어 서로를 분리시켜 둔다.

로즈마리의 가장 윗부분은 떼어 가니쉬로 사용하고 나머지는 잎만을 떼어 넣는다.

볼에 모든 재료를 담고 올리브오일과 소금, 후추로 간을 한 후 비트를 절일 때 사용한 오일과 주스를 2 테이블스푼 정도 더 첨가한 후 가볍게 버무려 준다.

● 비트의 색깔은 보기에도 맛의 아름다움을 느낄 수 있어 샐러드의 재료로서 매우 훌륭하다. 오븐에 굽는 방법은 조금은 생소하지만 지중해식 요리에서는 오래 전부터 애용해 온 요리기술이기도 하다. 그 이유는 비트를 오븐에 굽게 되면 농축효과로 맛의 깊이를 더해주기 때문이다.

비트를 굽는 방법
(Roast Beets)

비트／10 kg
소금／10 g
월계수잎／5 장
검은 통후추／2 테이블스푼
스타아니스／3 개

⇨ 비트는 깨끗하게 씻어서 꼬리와 머리부분을 다듬어 준다. 스팀폿 또는 바닥이 두꺼운 스테인레스 폿에 비트를 넣고 완전히 잠길 정도로 물을 채운다. 비트가 속까지 익을 수 있도록 삶은 다음 꺼내서 바닥이 고른 팬에 크기별로 구분하여 가지런히 깔고 200 ℃ 오븐에서 15～20 분 가량 로스팅을 한다. 이때 작은 것은 먼저 꺼내도록 한다.

로스팅이 끝난 비트는 상온에서 식힌 다음 껍질을 제거하고 깊이가 있는 컨테이너에 담고 올리브오일, 식초, 후레쉬다임, 오레가노, 로스마리 등의 향초에 함께 절여두고 필요할 때마다 꺼내서 사용하면 된다.

그린빈스와 로스트한 호두샐러드

(Green Beans and Roasted Pecan Salad)

준비재료 (3 인분)

후레쉬 그린빈스(Fresh green beans)／300 g
중간 크기의 토마토(Tomato)／2 개
양파(Onion)／1/2 개
로스트한 호두(Roasted pecan)／100 g (p. 154 참조)
가늘게 썬 베이질잎(Julienne basil)／1 테이블스푼
쉐리 비네가(Sherry vinegar)／2 테이블스푼
올리브오일(Olive oil)／50 m*l*
후레쉬 레몬주스(Fresh lemon juice)／1 개
소금과 후추(Salt and pepper)

꿀과 머스터드드레싱
(Honey Mustard Dressing)

꿀(Honey)／1 테이블스푼
디존 머스터드(Dijon mustard)／1 테이블스푼
소금과 후추(Salt and pepper)／1/2 티스푼
식초(White wine vinegar)／2 테이블스푼
레몬주스(Lemon juice)／1 티스푼
올리브오일(Olive oil)／70 m*l*
⇨ 오일을 제외한 모든 재료를 볼에 담고 천천히 오일를 첨가하며 휘퍼로 잘 저어준다.

만드는 방법

후레쉬 빈스는 양쪽을 잘라내고 보기 좋은 크기로 자른다. 끓는물에 블란치하여 색깔이 변하지 않도록 재빨리 찬물에 넣어 식힌다.

토마토는 네 등분한 다음 씨와 속을 도려내고 굵은 줄리앙으로 썰어둔다. 양파 역시 토마토와 같은 크기로 썰어서 옆에 담아둔다.

커다란 볼에 올리브오일과 소금, 후추, 레몬주스, 쉐리 비네가를 같이 담고 휘퍼로 골고루 섞이도록 저어준다. 준비된 재료를 모두 넣고 재빨리 버무려준다.

식초는 그린색깔을 변하게 하므로 가능한한 조리의 마지막 단계에서 사용하는 것이 바람직하다.

● 초여름에 생산되는 그린빈스는 서양요리의 어느 부분에 접목시켜도 자연스럽게 조화를 이룬다. 그린빈스는 씨방이 생겨나서 알이 굵기 전에 가느다란 것이 상품으로 섬유질이 부드러워야 한다. 아름다운 그린빈스에 로스트한 호두를 첨가하면 한 덩어리의 쇠고기를 먹는 것보다 더 환상적인 만족감을 느낄 수 있을 것이다.

선 드라이 토마토를 이용한 그린샐러드

(Garden Lettuce and Sun Dry Tomatoes)

준비재료 (3 인분)

그린치커리와 비타민잎(Green chicory and vitamine)/100 g
꽃상추(Korean flower lettuce)/50 g
발사믹코 비네가(Balsamico vinegar)/2 테이블스푼
올리브오일(Olive oil)/3 테이블스푼
토스트한 잣(Roasted pine nut)/1 테이블스푼 (p. 146 참조)
기름을 제거한 선 드라이 토마토(Sun dried tomato)/100 g
산양치즈(Goat cheese)/100 g
붉은 양파(Red onion)/1 개
소금과 후추(Salt and pepper)

토마토, 베이질 드레싱
(Tomato Basil Dressing)

기름에 절여진 선 드라이 토마토 (Sun dry tomato in oil)/3 쪽
후레쉬 베이질 잎(Fresh basil leaf)/10 g
마늘(Clove garlic)/1 쪽
후레쉬 파마산치즈 갈은 것(Grated parmesan cheese)/1 테이블스푼
발사믹코 비네가(Balsamico vinegar)/3 테이블스푼
올리브오일(Olive oil)/70 ml

⇨ 선 드라이 토마토는 후레쉬 베이질잎과 같이 프로세서(processor)에 부드럽게 갈아준다. 다시 믹서기로 옮겨서 천천히 돌려주며 치즈를 제외한 모든 재료를 넣고 완전히 섞일 때까지 돌려준다.

볼에서 꺼낸 다음 갈아둔 파마산치즈를 넣고 휘퍼로 다시 한 번 잘 저어 준다.

만드는 방법

상추의 겉잎은 떼어내고 속잎은 그대로 둔다.

그린치커리와 비타민의 큰 잎은 손으로 먹기좋은 크기로 잘라준다.

물로 깨끗하게 씻은 다음 마른 타월로 물기를 제거하고 냉장고에 보관한다. 오일에 담아둔 선 드라이 토마토는 기름을 제거하고 1/4 정도로 썰어놓는다.

산양치즈는 손으로 뜯어서 따로 담아 놓는다. 붉은 양파는 세로로 썰어서 놓는다.

치즈를 제외한 모든 재료를 볼에 담고 올리브오일을 먼저 뿌리고 발사믹 비네가로 맛을 낸다.

마지막으로 산양치즈를 조심스럽게 섞어준 다음 접시에 담고 구운 잣과 후추로 마무리한다.

● 선 드라이 토마토는 토마토를 말림으로써 그 맛을 농축시킨 것이라 할 수 있다. 따라서 또 다른 토마토의 맛을 그린샐러드와 함께 경험함으로써 태양의 경이로움을 새삼 깨닫게 한다.

시금치와 그린 치커리 샐러드

(Spinach and Green Chicory Salad)

준비재료 (3 인분)

엑스트라 버진 올리브오일(Extra virgin olive oil)／6 테이블스푼
소금과 후추(To taste salt and pepper)／맛을 낼 정도
양파(Onion)／1/2 개
빵쿠루퉁(Croutons)／12 쪽
시금치(Bunch of spinach)／3 포기
그린 치커리(Green chicory)／50 g
발사믹코 비네가(Balsamico vinegar)／3 테이블스푼
마늘 다진 것(Clove garlic)／1 쪽
그린 올리브 씨 제거한 것(Pitted green olives)／10 개
파마산치즈 갈은 것(Grated fresh parmesan cheese)／1/3 컵

만드는 방법

오븐은 미리 180℃ 가량 열을 올려놓는다. 양파는 썰어 매운맛을 없애기 위하여 냉수에 담아둔다. 빵은 1 cm 두께의 네모로 썰어서 베이킹 팬에 깔아두고 브러시로 올리브오일을 가볍게 뿌려준 다음 오븐에서 엷은 브라운색이 날 정도로 약 8 분 동안 구워준다.

시금치는 억센 부분은 떼어내고 안쪽으로 부드러운 부분만을 선택하여 줄기는 떼어내고 잎만을 씻은 후 말린다.

그린 치커리 역시 억센 줄기는 떼어내고 한입에 먹기 좋은 크기로 뜯어서 깨끗이 씻은 후 타월에 싸서 냉장고에 보관한다.

샐러드를 만들기 바로 전에 양파를 물에서 건져 물기를 제거한다. 커다란 볼에 준비해둔 치커리, 시금치, 올리브, 마늘 다진 것을 넣는다. 30 *ml* 정도의 올리브오일을 연기가 나기 바로 전까지 열을 가해준 다음 검은 올리브를 넣어 재빨리 소테해준다.

오일과 올리브를 식힌 다음 준비해둔 샐러드 재료 위에 뿌려주고 두 개의 나무주걱으로 살짝 버무려준다.

약간의 깊이가 있는 접시에 샐러드를 담고, 파마산치즈가루와 쿠르통을 뿌려 마무리한다.

● 시금치와 치커리는 비슷하면서도 서로 다른 맛을 지니고 있다. 시금치의 부드러운 맛과 치커리의 쌉쌀한 맛이 어울리면서 태양이 선사한 그린의 의미를 되새겨 보는 것 또한 야채주의자들의 또 다른 즐거움이라 할 수 있다.

발사믹코 비네가 드레싱
(Pure Balsamico Vinaigrette)

엑스트라 버진 올리브오일 (Extra virgin olive oil)／300 *ml*
발사믹코 비네가(Balsamico vinegar)／100 *ml*
중간 크기의 양파 다진 것 (Chopped onion)／1/2 개
중간 크기의 사과 다진 것 (Grated apple)／1/2 개
깐 마늘 다진 것 (Chopped clove garlic)／2 쪽
후레쉬 타라곤 다진 것 (Fresh tarragon)／1 티스푼
후렌치 머스터드 (French mustard)／1 티스푼
쉐리 와인(Sherry wine)／30 *ml*
소금과 후추(Salt and pepper)

⇨ 적당한 크기의 볼에 양파, 사과, 마늘, 머스터드, 후레쉬 타라곤 다진 것을 넣는다. 발사믹코 비네가와 올리브오일을 번갈아 넣으면서 휘퍼로 저어준다. 소금과 후추, 쉐리와인으로 마무리한다.

취향에 따라서 다른 재료들을 첨가할 수 도 있지만 너무 많은 재료를 섞으면 발사믹코의 깊은 맛을 잃어 버릴 수 있으므로 가능한 단순한 재료를 사용하는 것이 바람직하다.

푸실리파스타와 구운 마늘샐러드

(Fussili Pasta and Roasted Garlic Salad)

준비재료 (3 인분)

푸실리 파스타(Fussili pasta)／100 g
붉은 피망(Red pimento)／1/2 개
푸른 피망(Green pimento)／1/2 개
그린 올리브(Green olives)／10 개
검은 올리브(Black olives)／10 개
올리브오일(Olive oil)／50 m*l*
아티초크 하트(Artichoke heart)／2 개
구운 마늘(Roasted garlic)／50 g (아래 참조)
베이질 줄리안(Basil julienne)／10 g
소금과 후추(To taste salt and pepper)

만드는 방법

푸실리 파스타는 기름을 한 두 방울 넣은 물에 부드러워질 때까지 삶은 후 건져 식힌다.

아티초크 하트는 8 등분하고, 올리브는 절반씩 잘라준다. 붉은 피망과 푸른 피망은 씨와 속을 제거하고 굵은 줄리안으로 썰어둔다.

약간 넉넉한 볼에 위의 모든 재료를 담고 올리브오일을 충분히 넣은 다음 후추로 간을 한 후 골고루 버무려 준다.

접시에 담고 싱싱한 허브 한 잎으로 가니쉬한다.

● 파스타를 조리한다는 것은 매우 즐거운 일이다. 그 이유는 우리나라 사람들의 정서에도 밀가루로 만든 요리는 잘 어울리기 때문일 것이다.

파스타는 종류도 다양하지만 어떠한 내용물을 첨가하는가에 따라서 그 맛도 수백가지로 변화한다.

알맞게 조리된 파스타에 구운 마늘과 올리브오일을 곁들인 샐러드는 특히 남성들의 장강식으로 일품이다.

마늘 로스트하는 방법
(Roast Garlic)

⇨ 마늘은 껍질을 제거하고 뿌리부분을 잘라낸 다음 적당한 볼에 담고 소금과 후추 올리브 오일, 여러가지 허브를 넣고 버무려준다.

팬에 마늘이 겹치지 않도록 골고루 깔아준 다음 180℃ 오븐에서 황금색이 날 때까지 구워준다.

브로커리와 오븐 드라이 토마토에 알몬드를 곁들인 샐러드

(Broccoli with Oven Dried Tomato and Almond)

준비재료 (3 인분)

브로커리(Head of broccoli)／1 덩어리
식초(White wine vinegar)／3 테이블스푼
마늘 다진 것(Clove chopped garlic)／1 쪽
올리브오일(Olive oil)／5 테이블스푼
오븐 드라이 토마토(Oven dried tomato)／9 쪽
로스트한 알몬드(Roasted almond)／2 테이블스푼
샴페인 식초(Champagne vinegar)／1 테이블스푼
오렌지 제스트(Orange zest)／10 g
소금과 후추(Salt and pepper)

만드는 방법

브로커리는 먹기 좋은 크기로 줄기가 조금 붙어 있도록 자르고 줄기는 껍질을 벗긴다. 볼에 올리브오일과 식초, 소금과 후추, 마늘 다진 것을 넣고 휘퍼로 젓는다.

냄비에 물을 넣고 끓기 시작하면 1 티스푼 정도의 소금을 넣는다. 브로커리를 넣고 2 분 정도 익힌 후 바로 얼음물에 넣어 식힌다. 브로커리의 물기를 제거하고 준비해둔 소스에 넣는다.

오븐드라이 토마토와 알몬드를 넣고 소금과 후추를 좀더 첨가한 후 가볍게 버무려준 다음 약간 깊이가 있는 접시에 담고 위에 알몬드를 뿌려 가니쉬한다.

식초는 브로커리의 파란색을 변화시키므로 고객에게 제공되기 바로 전에 버무리는 것이 이상적이다.

● 브로커리는 우리에게는 비교적 친숙해져 있는 야채 중에 하나이다. 브로커리가 가장 맛나는 시기는 늦봄과 초여름이다. 브로커리의 입자 하나하나가 빽빽하게 붙어 있는 것을 보면 아름다운 감정마저 든다.

이렇게 아름다운 브로커리를 요리하기 위하여 자신이 원하는 모양으로 하나하나 다듬어 가는 것 역시 요리하는 즐거움 중에 하나가 아니겠는가?

제스트(Zest)

⇨ 제스트는 오렌지나 레몬, 라임 등의 껍질을 벗겨 그 색상과 향을 사실적으로 표현하는 조리방법의 하나이다.

제스트가 주로 이용되는 요리로는 파스타, 드레싱, 데판나드(tapennade), 샐러드, 가니쉬 등에 상큼하고 튀는 맛을 내기 위하여 쓰인다.

제스트를 만들기 위하여는 손으로 하는 도구가 필요한데 한 손에 제스트할 과일을 잡고 긁어내듯이 처음부터 끝까지 당겨준다.

만약 제스트 나이프가 없으면 치즈 그레이터의 고운 부분을 사용해도 된다. 칼을 이용할 때는 매우 얇게 껍질을 벗겨서 썰어준다.

근래에 와서는 꼭 오렌지나 레몬 등에 한정되지 않고 야채나 엽채 취향에 따라 무엇이든 제스트가 가능하다.

육수에 졸인 대파샐러드에 샴페인 식초소스

(Poached Leek Salad with Champagne Vinaigrette)

준비재료 (3 인분)

대파(Leek) / 10 줄기
셀러리(Celery) / 1/2 줄기
당근(Carrots) / 1/2 개
양파(Onion) / 1/2 개
후레쉬 다임(Fresh thyme) / 3 줄기
후레쉬 타라곤(Fresh tarragon) / 3 줄기
월계수잎(Bay leaf) / 1 잎
검은 통후추(Whole black pepper) / 1 티스푼
비프스톡(Beef stock) / 1 *l*
백포도주(White wine) / 30 m*l*
샴페인 식초소스(Champagne vinaigrette) / 150 m*l*
소금(Salt) / 조금

샴페인 식초소스
(Champagne Vimaigrette)

생강 다진 것(Grated ginger) / 1 티스푼
라임주스(Fresh lime juice) / 1 테이블스푼
샴페인 비네가(Champagne vinegar) / 1 테이블스푼
큐민씨드 갈은 것(Toasted and ground cumin seed) / 1/8 티스푼
샐러드오일(Salad oil) / 3 테이블스푼
소금과 후추(Salt and pepper)
⇨ 오일을 제외한 모든 재료를 볼에 담고 휘퍼로 저어가면서 오일을 천천히 첨가한다.

만드는 방법

대파는 푸른 부분을 떼어내고 흰 뿌리 부분만을 적당한 크기의 브레이징 팬에 나열한 다음 셀러리, 당근, 양파는 격식없이 썰어서 그 위에 뿌린다.

비프스톡을 대파가 잠길 수 있을 만큼 담은 후 월계수잎과 다임, 타라곤, 백포도주를 첨가한다.

쿠킹호일로 커버한 다음 브레이징팬을 일단 센불위에 올려 한번 끓인 후 약한 불로 약 30분 동안 대파가 부드러워질 때까지 은근히 졸여준다.

완성되었으면 식힌 다음 대파만을 골라 먹기 좋은 크기로 썰어 접시에 배열하고 주스에 샴페인 식초와 붉은 고추를 가늘게 썰어 넣고 샴페인 식초소스를 만들어 위에 뿌려준다.

귤과 시금치, 붉은 양파 샐러드에 참기름 드레싱

(Tangerines and Spinach, Red Onions Salad with Sesame Vinaigrette)

준비재료 (3 인분)

치커리(Chicory)／100 g 정도
시금치 잎(Spinach)／10 포기 정도
중간 크기의 붉은 양파(Red onion)／1/4 개
라디치오(Radicchio)／6 잎
그린 비타민(Green vitamin)／30 g
정종(Rice wine)／50 m*l*
귤(Fresh mandarine)／3 개 정도
참기름드레싱(Sesame vinaigrette) (아래 참조)
볶은 참깨(Roasted sesame)／1 티스푼

만드는 방법

시금치와 치커리, 그린 비타민은 부드러운 속잎만을 골라서 깨끗이 씻은 다음 냉장고에 보관하여 싱싱하게 살아나도록 한다.

라디치오는 억센 밑부분은 잘라내고 굵게 썰어 냉수에 담았다가 건져 물기를 빼준다. 붉은 양파는 썰어서 정종에 담았다가 건져낸다.

귤의 껍질을 까고 섹션을 뜬 다음 씨를 제거한다.

드레싱을 만든 다음 커다란 볼에 시금치, 치커리, 준비된 양파, 귤을 모두 넣고 드레싱과 함께 살짝 버무려준다.

접시에 담은 다음 마지막으로 볶은 참깨를 위에 뿌려준다.

● 참기름은 향이 강하고 우리나라 사람이면 참기름의 맛을 모르는 사람이 없을 것이다. 참기름의 향과 귤의 달콤한 맛, 시금치의 부드러움이 입맛을 당기게 한다. 귤이 제철이 아닐 때는 오렌지를 사용하여도 좋을 것이다.

참기름 드레싱
(Sesame Vinagrette)

잘게 썬 귤제스트(Mandarine zest)／1 티스푼
후레쉬 귤주스(Fresh mandarin juice)／2 테이블스푼
생강 잘게 다진 것(Grated ginger)／2 티스푼
정종(Rice wine)／3 테이블스푼
샐러드오일(Vegetable oil)／2 테이블스푼
참기름(Sesame oil)／1 테이블스푼
왜간장(Soy beans sauce)／1 티스푼
소금／조금

⇨ 기름과 제스트를 제외한 모든 재료를 넣고 잘 섞은 다음 기름과 제스트를 넣어가면서 휘퍼로 조용히 저어준다.

망고와 파파야 샐러드에 라임-생강드레싱

(Mango-Papaya Salad with Citrus-Ginger Vinaigrette)

준비재료 (3 인분)

미츠나(Mizuna) / 100 g
머스터드 그린(Mustard green) / 100 g
망고(Mango) / 3 개
파파야 또는 머스크멜론(Papaya or musk melon) / 1 개
라임-생강드레싱(Citrus-ginger vinaigrette) / 200 m*l* (아래 참조)

라임-생강드레싱
(Citrus-ginger vinaigrette)

라임 제스트(Lime zest) / 1 티스푼
레몬 제스트(Lemon zest) / 1 티스푼
후레쉬 라임주스(Fresh lime juice) / 1 테이블스푼
후레쉬 오렌지주스(Fresh orange juice) / 1 테이블스푼
샴페인 비네가(champagne vinegar) / 1/2 테이블스푼
곱게 갈은 생강(Grated Fresh ginger) / 1/2 티스푼
올리브오일(Light olive oil) / 3 테이블스푼
소금(Salt) / 조금
⇨ 제스트를 제외한 모든 재료를 넣고 잘 섞은 다음 다시 제스트를 넣고 천천히 휘퍼로 저어준다.

만드는 방법

미츠나와 머스터드그린의 억센 줄기는 떼어내고, 씻어서 마른 타월로 싸서 냉장고에 보관한다. 망고는 껍질을 벗기는 칼로 껍질을 벗긴 다음 조심스럽게 타원형으로 썰어 내리듯 자른다.

파파야 또는 머스크멜론은 껍질을 벗기고 1/4로 잘라 씨를 제거하고 가로질러 썰어준다.

드레싱을 준비하여 미츠나와 머스터드그린을 먼저 버무려 접시에 담은 다음 망고와 파파야 또는 머스크멜론을 보기 좋게 올린다.

몇 줄기 미츠나를 접시 주위에 올려 시각적 효과를 높인다.

● 현재 우리나라에서 망고는 생산되지 않으므로 그리 흔치 않지만 파파야는 계절에 관계없이 쉽게 구입할 수 있다. 이 샐러드는 파파야와 망고의 단맛이 생강향과 미츠나, 머스터드그린맛과 어울려 신선감을 더해주고 특히 여름에 입맛을 잃었을 때 입맛을 돋구는 역할로써 제격이다.

버터에 소테한 관자와 오이, 치커리 샐러드

(Scallops Sauted in Butter and Cucumber, Garden, Leaves Salad)

준비재료 (3 인분)

오이(Cucumber) / 1 개
중간 크기 관자(Scallop) / 15 개
버터헤드 레터스 또는 로메인 레터스
(Butter head lettuce or romaine lettuce) / 1 포기
라디치오(Radicchio) / 6 잎
그린치커리(Green chicory) / 20 g
크루통(Croutons) / 20 g
토마토 네모썰기 한 것(Diced tomato) / 2 개
허브드레싱(Herb dressing) (아래 참조)

허브드레싱
(Herb dressing)

케이퍼 다진 것(Chopped caper) / 10 g
파프리카(Paprika) / 5 g
토마토케첩(Tomato ketchup) / 200 m*l*
잉글리시 머스터드(English mustard) / 10 g
파슬리 다진 것(Chopped parsley) / 10 g
샬롯 다진 것(Chopped shallots) / 10 g
후레쉬 타임 다진 것(Chopped thyme) / 5 g
후레쉬 타라곤 다진 것
(Chopped fresh tragon) / 5 g
워처스터 소스(Worcestershire sauce) / 20 m*l*
타바스코 소스(Tabasco sauce) / 1 티스푼
후레쉬 레몬주스(Fresh lemon juice) / 1 테이블스푼
브랜디(Brandy) / 2 테이블스푼
쉐리와인(Sherry wine) / 3 테이블스푼
마요네즈(Mayonaise) / 400 m*l*
소금과 후추(To taste salt & pepper)
⇨ 위의 재료를 볼에 담고 휘퍼로 골고루 섞일 때까지 믹스해 준다.

만드는 방법

오이는 소금으로 문질러 털을 떼어낸 다음 물로 씻어 둥글게 썰어놓는다. 관자는 껍질을 떼어내고 살코기 부분만을 소금과 후추로 간을 한다. 버터헤드 레터스와 라디치오, 치커리는 씻어서 물기를 제거하고 냉장고에 보관한다.

그림과 같이 접시에 오이를 둘러 깔고 샐러드를 중앙에 놓는다.

쿠르통과 네모썰기한 토마토를 주위로 뿌려주고, 소스는 서브하기 바로 전에 뿌려준다.

● 관자는 버터에 소테한 후 식어도 그 부드러움은 그대로 간직할 뿐만아니라 향기와 맛도 샐러드와 깊은 조화를 이룬다. 관자를 소테할 때는 높은 온도에서 가능한한 짧은 시간 내에 조리하도록 한다.

엔다이브와 사과샐러드에 살롯드레싱

(Endive and Apple Salad with Sherry-Shallot Vinaigrette)

준비재료 (3 인분)

엔다이브(Endive)／1 포기
물냉이(Water cress)／30 g
쉐리살롯드레싱(Sherry-shallot vinaigrette) (아래 참조)
사과(Apple)／1 개
로스트한 호두(Toasted pecan)／1/4 컵 (p. 154 참조)
소금과 후추(Salt and pepper)

쉐리살롯드레싱
(Sherry-shallot Vinaigrette)

쉐리 비네가(Sherry vinegar)／2 테이블스푼
작은 살롯 얇게 슬라이스한 것(Shallot)／1 개
올리브오일(Light olive oil)／100 ml
소금(Salt)／조금
⇨ 오일을 제외한 모든 재료를 넣고 오일을 조금씩 첨가하면서 휘퍼로 저어준다.

만드는 방법

엔다이브는 밑동을 잘라내고 조심스럽게 잎을 떼어낸다. 엔다이브의 큰 잎은 절반 정도로 잘라 사용하고 작은 잎은 그대로 사용한다.

물냉이의 긴 줄기는 잘라내고 물에 씻어 마른 타월로 물기를 제거한다. 사과는 1/4 등분하여 씨와 씨방을 제거하고 얇게 슬라이스 한다.

모든 재료를 커다란 볼에 담고 쉐리살롯 드레싱을 뿌린 다음 조심스럽게 버무려준다.

- 물냉이의 매콤한 맛과 엔다이브의 쌉쌀한 맛은 서로의 보완관계이면서도 육류를 메인 코스로 하는 정찬에서 몇 번째 코스에 샐러드가 제공되던지 상관없이 입맛을 돋구어 준다.
  주의해야 할 점은 고객에게 서브하기 바로 전에 버무려야 시들어버리지 않고 싱싱한 맛을 유지할 수 있다.

로메인 레터스와 빵크로퉁에 파마산치즈

(Romaine Lettuce and Bread Croutons and Parmesan Cheese)

준비재료 (3 인분)

로메인 레터스(Romaine lettuce)／2 포기
깐 마늘 잘게 다진 것(Garlic clove, finely chopped)／1 쪽
올리브오일(Extra virgin olive oil)／60 m*l*
빵 자른 것(Bread cubes) (1/2 인치 정도 크기가 적당함)／1 컵
레몬, 마늘 식초소스(Lemon garlic vinaigrette) (아래 참조)
씨를 제거한 블랙올리브(Pitted black olive)／8 개
후레쉬 파마산치즈 갈은 것(Grated parmesan cheese)／20 g
소금과 후추(To taste salt and pepper)／맛을 낼 정도

레몬, 마늘 식초소스
(Lemon garlic vinaigrette)

레몬제스트(Lemon zest)／1/2 티스푼
후레쉬 레몬주스(Fresh lemon juice)／3 테이블스푼
마늘 다진 것(Garlic chopped)／1 쪽
올리브오일(Extra virgin olive oil)／5 테이블스푼
소금(salt)／1/4 티스푼
⇨ 위의 재료들을 모두 볼에 담고 휘퍼로 부드럽게 저어준다.
이 소스의 색은 밝고 강한 레몬맛을 내야한다.

만드는 방법

로메인 레터스는 억센 잎부분을 뜯어내고 연한 부분만 쓸 수 있도록 준비한다. 물에 깨끗이 씻은 다음 마른 타월로 물기를 완전히 제거하여 냉장고에 보관한다. 오븐을 160℃ 정도로 미리 가열하여 둔다.

1/2 인치 정도의 사각으로 썬 빵조각을 볼에 담고 다진 마늘과 올리브오일을 1 테이블스푼 정도 뿌리고는 재빨리 버무려준다.

크로퉁의 색깔이 황금색이 날 때까지 8～9 분 정도 로스팅을 하여 꺼내놓는다. 식초소스를 준비한다. 고객에게 제공되기 바로 전에 커다란 볼에 레터스를 담고, 올리브오일과 레몬식초소스로 골고루 버무려준다.

접시에 담고 크루퉁과 갈아 둔 후레쉬 파마산치즈, 그라운드 블랙후추를 샐러드 위와 접시 주위에 뿌려준다.

● 로메인 레터스는 올리브오일, 파마산치즈, 바삭바삭한 크루퉁과는 너무도 잘 어울리는 샐러드의 원천이다. 거기에다 마늘향오일을 곁들이면 더 말할 나위 없이 좋다.

구운 가지와 피망, 마늘을 섞은 시실리안식 샐러드

(Sicilian Salad with Roasted Eggplant, Pepperand Garlic)

피망을 로스트하는 방법
(Roast Pimentoes)

피망을 로스트하여 껍질을 제거하고 올리브오일과 후레쉬 베이질잎을 첨가하면 놀라운 피망의 맛을 발견할 수 있다. 피망을 로스트하여 껍질을 벗긴다는 것은 일이 많고 매우 불편할 것으로 보이나 생각보다는 아주 쉽고 간단하다.

피망을 굽는 방법에는 숯불이나 스토브에서 껍질이 물집처럼 일어나고 검은색이 날 때까지 굽는 방법도 있으나 오븐을 이용하는 것이 가장 쉽고 한꺼번에 많은 양을 로스트할 수 있다.

로스팅을 하기 위하여 오븐을 약 225℃ 정도로 열을 올려놓는다. 피망을 길이로 절반 잘라서 씨와 속줄기 꼭지를 제거하고 잘린 쪽이 밑으로 향하도록 하여 팬에 호일이나 기름을 깔고 가지런히 놓는다. 붓으로 껍질부분에 기름을 살짝 발라준 후 오븐에 넣어 껍질이 물집처럼 올라와 검은 색이 날 때까지 약 15~20분 정도 로스트하여 준다.

오븐에서 피망을 꺼낸 다음 다른 그릇에 옮겨 담아 커버를 씌워 식힌다. 약 10분 후 껍질을 제거하는데 손을 담글 정도의 냉수를 준비하여 손가락을 담그면서 껍질을 벗겨낸다. 껍질을 벗겨낸 피망을 물에 담그거나 씻어서는 안된다. 이렇게 만들어진 로스트 피망은 2~3일 정도 냉장고에 보관하며 사용할 수 있다.

준비재료 (3인분)

붉은 피망 또는 노란 피망(Yellow pimento or red pimentoes)／4개
올리브오일(Extra virgin olive oil)／5테이블스푼
껍질이 있는 마늘(Unpeeled garlic clove)／16쪽
깐 마늘(Peeled garlic clove)／2쪽
작은 가지(Small eggplant)／5개
발사믹 비네가(Balsamic vinegar)／2테이블스푼
올리브(Olives)／10개 정도
아티초크 삶은 것(Artichoke heart)／9봉오리
얇게 긁은 파마산치즈(Grated parmesan cheese)／6쪽
소금과 후추(To taste salt and pepper)

만드는 방법

피망을 로스트한다(로스트하는 방법 참조). 가지는 껍질을 벗기고 소금, 후추, 올리브오일을 살짝 뿌려준다.

미리 열을 가한 오븐에 마늘과 가지를 넣고 12~15분 정도 로스팅을 하는데 마늘이 조금 굵은 경우에는 가지를 먼저 꺼내고 마늘은 좀더 로스트한다.

로스트하여 껍질을 벗긴 피망은 길이로 썰고, 구운 마늘은 껍질을 까서 가지와 함께 섞는다(피망을 썰 때 생긴 주스도 같이 넣는다).

아티초크는 질긴 껍질 부분을 떼어내고 작은 것은 1/4등분, 큰 것은 1/6로 자른다.

큰 볼에 재료를 담고 올리브오일과 발사믹코 비네가와 소금, 후추로 간을 하여 상온에 둔다.

접시에 그린 샐러드잎을 한 두 장 깔고 그 위에 준비된 샐러드를 얹은 다음 파마산치즈나 올리브로 가니쉬하여 서브한다.

INDEX

V

W

Y

Z

전문요리사를 위한 ①

에피타이저와 샐러드

2000년 1월 20일 초 판 발행
2003년 9월 1일 재 판 발행
2005년 10월 1일 제3판 발행
2010년 3월 1일 제4판 발행
2015년 9월 1일 제5판 발행

저 자 오석태 / 안종철
발행인 주 병 오

발행처 지구문화사
JIGU PUBLISHING Co.

경기도 파주시 회동길 209
파주출판문화정보산업단지

영업팀 (031)955-7566 · 7577
편집디자인팀 (031)955-7731
F A X (031)955-7730
홈페이지 www.ji-gu.co.kr
이메일 jigupub@hanmail.net

ISBN 978-89-7006-759-9 값 25,000원